Helmut Kolitzus

Ich befreie mich von deiner Sucht

Helmut Kolitzus

Ich befreie mich von deiner Sucht

Hilfen für Angehörige von Suchtkranken

Kösel

Den acht Millionen Menschen in Deutschland,
die unter der Sucht anderer leiden

ISBN 3-466-30527-6
© 2000 by Kösel-Verlag GmbH & Co., München
Printed in Germany. Alle Rechte vorbehalten
Druck und Bindung: Ebner Ulm
Umschlag: Kaselow Design, München
Umschlagfoto: ZEFA/Hirdes

1 2 3 4 5 · 04 03 02 01 00

*Gedruckt auf umweltfreundlich hergestelltem Werkdruckpapier
(säurefrei und chlorfrei gebleicht)*

Inhalt

Einführung
Vorwort: Immer nur lächeln? – Das Taifun-Syndrom 7
Co-Abhängigkeit – Krankheitsbild, Modediagnose, Syndrom? 12
Zwei Beispiele 26
L'arte dell' cambiamento – Die Kunst des Wandels 32

Fallbeispiele
Die Familiengründung 35
»Ohne Alkohol hätte ich meine Frau nie kennen gelernt« 39
Eine Wunderheilung? 41
Der verlorene Sohn – Eltern von Drogenabhängigen 46
»Der verdammte Co-Symbionten-Wahn« – Ein Mann in der Co-Abhängigkeit 53
Ein hoffnungsloser Fall? – Töchter einer alkoholkranken Mutter 57

Hilfen für Angehörige
Co-Abhängigkeit – verankert in unseren Institutionen 63
»Die Sucht macht aus Menschen Monster« oder: Wie Süchtige ihre Co's ausbeuten 69
Der Alkohol – Freund und Todfeind des Menschen 77
Alkohol am Arbeitsplatz – Nasszellen und Feuchtbiotope 84
Arbeitssucht – Modebegriff oder ernsthafte Diagnose? 103

»Ich rauche gern!« – Das »Hobby« vieler Co-Abhängiger	114
Medikamente – legale Drogen: Lösung von Scheinproblemen oder Scheinlösung von Problemen?	120
Adipositas – nicht nur ein Schönheitsfehler	
Magersucht – lebensgefährlich	126
Arzt und Alkoholiker gehen sich aus dem Weg	140
Psychotherapie und Sucht – kein erfreuliches Kapitel	146
Zehn typische Denkfallen bei Ärzten und Psychotherapeuten im Umgang mit Suchtpatienten	156
Eine Leitlinie für Co-Abhängige	160
Millionen Menschen ohne Lobby – Wege aus der Co-Abhängigkeit	171
Therapeutische Strategien	177
Ist Erfolg etwas Unanständiges?	193

Dank 209

Anhang

Fragebögen	211
Literatur	221
Adressen	224
Personen- und Sachregister	227

Einführung

Vorwort: Immer nur lächeln? – Das Taifun-Syndrom

Über acht Millionen Menschen in Deutschland verbindet ein gemeinsames Schicksal: Sie leiden unter dem Suchtproblem eines Menschen, der ihnen nahe steht – als Partnerin oder Partner, als Sohn oder Tochter, als Vater oder Mutter, als Arbeitskollege, als Schwager oder Schwägerin usw. Die Co-Abhängigkeit ist im Verein mit der Sucht das größte sozialmedizinische Problem unserer Gesellschaft. Warum kommt das bisher etwa in politischen Programmen oder Wahlkämpfen nicht vor? Leider tun unsere Institutionen fast nichts für die, die oft lange Zeit mehr und schlimmer leiden als die Suchtkranken selbst, aber aus Scham und Verzweiflung im Dunkeln bleiben, wo man sie nicht sieht. Vor etwa drei Jahren begann ich nach Ideen zu suchen, die einen gesellschaftlichen Prozess des Umdenkens einleiten könnten, und habe deshalb dieses Buch geschrieben.

In meinen Vorträgen und Seminaren demonstriere ich anhand eines Mobiles, wie alle schweren Krankheiten oder Defekte, ganz besonders aber die Sucht (von siech = krank!) auf soziale Systeme wirken. Nehmen wir den häufigeren Fall: Der Vater (oder Chef) ist mit sich selbst unzufrieden, mit seinem Beruf, seiner Karriere, seiner Ehe, ertränkt seine Gefühle von Trauer und Ärger in Alkohol und/oder nimmt Tabletten gegen die Ängste, Schlafstörungen, Aggressionen und depressiven Zustände. Hängen wir ihm symbolisch eine bayerische Trinkeinheit, einen Maßkrug an (oder ein »Herrengedeck« oder »Man gönnt sich ja sonst nichts« oder ...), zieht es ihn buchstäblich runter, während es gleichzeitig seine Frau nach oben katapultiert, in eine einsame, verlorene Position.

Um das Gleichgewicht im Mobile wieder zu finden, das offenbar tief biologisch verankert ist, müssen und werden die anderen Familienmitglieder sich um den Ausgleich bemühen, indem sie eigene Kraft, Kompetenz und eigenes Leiden in die Waagschale werfen. (Vor Beginn einer Therapie steigen nicht nur die Krankheitskosten des Süchtigen in enorme Höhen, sondern in der Regel auch die der Familienmitglieder!) Ängstlich, ärgerlich, verbittert, traurig bemühen sich alle, ein neues, jetzt krankhaftes Gleichgewicht herzustellen. Vielleicht flüchtet ein Sohn in eine Haschischclique, um vom angeklagten Vater abzulenken, vielleicht wird eine Tochter magersüchtig, um die Aufmerksamkeit auf sich zu ziehen, vielleicht verstummt ein anderes Kind und fängt wieder an einzunässen.

Der Suchtkranke hält sich in der Logik seiner Krankheit selbstverständlich für normal, will von der Notwendigkeit, zum Beispiel den Maßkrug wieder abzugeben, nichts wissen. Diesen Mechanismus kann man als »Taifun-Syndrom« beschreiben: Alle rotieren, weil es ihnen nicht gut geht und sie verständlicherweise Hilfe leisten wollen, um den unwilligen und uneinsichtigen Suchtkranken. Und der befindet sich im ruhigen Zentrum des Wirbelsturms ...

Dieses Bild kann man auf die Gesellschaft übertragen. Es ist verblüffend, wie unsere Institutionen und ihre Vertreter in seltsamer Faszination dem Phänomen Sucht verfallen und dem armen, spektakulär narzisstisch leidenden Süchtigen mit allen Mitteln unter die Arme greifen wollen. Das erinnert an die übermäßige

Fürsorge, die lange Zeit den (allzu oft suchtkranken) straffällig gewordenen Menschen, den Tätern galt, während man darüber völlig vergaß, dass da noch Opfer sind, die wenig Beachtung oder gar Hilfe erfahren. Die Bestrafung des Täters ist wahrlich kein Ausgleich! Was nämlich ein Suchtkranker in seinem Umfeld an sozialem Unheil, seelischen und oft körperlichen Schäden bei seinen Mitmenschen anrichtet, hat nicht selten die Dimension einer Tragödie. Dagegen sind sozialkritische Psychodramen im Fernsehen geradezu Boulevardtheater.

Wie können wir nun die Energie vom kranken (nicht charakterlosen) Menschen abziehen, der ja sowieso vorerst nichts tun will, und auf diejenigen richten, die jetzt viel mehr Beachtung verdienen? Mein nahe liegender Gedanke: Als Erstes und damit in Vorbildfunktion müssten die Institutionen, die sich dem Tabuthema Sucht schon immer gewidmet haben, ein Signal setzen. Also schrieb ich einen Brief an die Deutsche Hauptstelle gegen die Suchtgefahren (DHS). Ich schlug vor, in einem Wechsel der Perspektiven endlich einmal den Angehörigen die zentrale Aufmerksamkeit zu schenken und ein »Jahr der Angehörigen in der Suchthilfe« auszurufen. Der Geschäftsführer der DHS reagierte prompt, zeigte sich angetan von meiner Idee. Wenig später die Bestätigung: Die Mitgliederversammlung der DHS hat sich mit dem Thema beschäftigt und das Jahr 2000 zum »Jahr der Angehörigen Suchtkranker« erklärt. Ich bin stolz darauf, Urheber dieser Idee zu sein.

Mit meiner therapeutischen Arbeit, vor allem aber mit meinen Vorträgen und Seminaren für verschiedenste Zielgruppen möchte ich meinen Beitrag zum Gelingen der Idee und damit zur Einleitung eines neuen Denkprozesses leisten. Jede Veränderung beginnt im Kopf – und: Wo ein Wille ist, ist auch ein Weg!

Das vorliegende Buch soll als Kristallisationspunkt dienen wie mein erstes Buch *Die Liebe und der Suff … Schicksalsgemein-*

schaft Suchtfamilie. Schon darauf reagierten mit Briefen, Anrufen etc. mehr Co-Abhängige als Süchtige. Aber die LeserInnen vermissten zu Recht ausführliche Hinweise zu *ihren* Problemen und entsprechenden Auswegen.

Diese vielfältigen Fragen und Sorgen will ich nun in diesem Buch aufgreifen und so weit wie möglich beantworten. Anhand von Fallbeispielen, wie sie mir täglich in der Praxis begegnen, stelle ich Therapieverläufe vor sowie Lösungsmöglichkeiten auch für scheinbar aussichtslose Situationen (selbstverständlich sind die Geschichten so weit anonymisiert, dass sie keine Rückschlüsse auf reale Personen zulassen): Was sind die Fallstricke der Co-Abhängigkeit, die Gefühlsfallen? Was mache ich mit mir selbst? Warum tue ich das? Warum tue ich mir das an?

Die individuelle Lösung

Bei aller Sach- und Fachkenntnis müssen wir immer die Achtung vor dem individuellen Schicksal bewahren. Jeder muss und darf sich so entscheiden, wie er will. Wenn es mir gelingen sollte, die eine oder andere Ihrer Entscheidungen rationaler zu gestalten, befreit vom Druck des unbewussten Negativ-Drehbuchs mit düsterem Ende, sollte es mich freuen. Wenn mich jemand fragt: »Was soll ich tun?«, antworte ich manchmal ironisch: »Leider habe ich meinen Rezeptblock nicht da. Deswegen kann ich kein Patentrezept ausstellen. Aber ich traue Ihnen zu, dass sie bald *Ihren* individuellen Weg finden. Vertrauen Sie auf Ihre eigene Stärke!«

Co-Abhängigen, besonders wenn sie (noch) keine eigene Sucht entwickelt haben, kann man in der Regel durch eine Einzel- oder Gruppentherapie viel schneller helfen als Suchtkranken, die zusätzlich durch ihre Droge oder ihre Drogen beeinträchtigt werden. Therapie bei Co-Abhängigen gelingt aber nur, wenn die Therapeuten die spezifischen Mechanismen und Rollen des Co-Abhängigkeits-Syndroms kennen und therapeutisch damit umgehen können. Das setzt voraus, dass sie viel Erfahrung mit Süchtigen in entsprechenden Einrichtungen gesammelt haben.

Ich halte es für nicht sinnvoll, Co-Abhängigkeit als eine Diagnose im engeren Sinne zu betrachten. Für mich ist die Co-Abhängigkeit ein Syndrom, ein Zustand, in den fast alle Menschen in mehr oder minder heftiger Form geraten können, die mit Suchtkranken zu tun bekommen: Menschen, die als Kinder von Suchtkranken geboren werden, die sich in sie verlieben, die am Arbeitsplatz mit ihnen umgehen müssen, die ihnen im Gericht, beim TÜV, im Sozialamt, in der Kirche, als Kunden oder Patienten gegenüberstehen. Die eigenen Störungen der Co-Abhängigen reichen von wenig bis nicht gestört, das heißt psychisch gesund bis zu schweren Neurosen und Persönlichkeitsstörungen, die denen der Suchtkranken in nichts nachstehen.

Vielen Co-Abhängigen wird, wie Süchtigen auch, das Etikett »Depression« und/oder eine Fülle funktionaler Störungen (das heißt ohne organischen Befund) des gesamten Spektrums der Psychosomatik zugeschrieben. Ihnen wäre viel geholfen, wenn der Hauptnenner ihres Problems, die Co-Abhängigkeit, erfasst würde. Es besteht in meinen Fächern, der Psychiatrie, der Psychotherapie und der Psychotherapeutischen Medizin, ein erhebliches Wissens- und Forschungsdefizit bezüglich der Co-Abhängigkeit.

Noch suche ich die Unterstützung einer Universität, um zum Beispiel folgende Fragen abzuklären:

- Wie viele Co-Abhängige halten sich in psychosomatischen Kliniken auf?
- Wie viele Co-Abhängige sind oder waren in Psychotherapie, ohne dass die Co-Abhängigkeit thematisiert wurde?

- Was könnten spezifische Angebote in therapeutischen Einrichtungen oder in ambulanter Therapie den Co-Abhängigen nutzen?

Letzten Endes geht es immer um die Frage: Wie können wir gemeinsam dafür sorgen, dass weniger der Suff, dafür wieder mehr die Liebe die Menschen beschäftigt? Das Leben hat so viel zu bieten!

> »Man kann das Leben nicht verlängern oder verbreitern, nur vertiefen.«
> *Gorch Fock*

Co-Abhängigkeit – Krankheitsbild, Modediagnose, Syndrom?

Die Sucht, gebraucht zu werden ist so weit verbreitet, dass Bücher wie das mit seinem deutschen Titel zitierte von Melody Beattie zumindest in den USA Millionenauflagen erzielen. Der Begriff »Co-Abhängigkeit« wurde von Betroffenen in den 70er-Jahren geprägt, ohne dass man den Urheber – vermutlich war es eine Frau – benennen könnte. (Bei anderen in der Wissenschaft inzwischen verbreiteten Bezeichnungen wie zum Beispiel »Borderline« gibt es meistens ausführlich belegte Herkunftsgeschichten.) Begriffe sind wichtig, weil sie Phänomene »griffiger« machen, das Undefinierte auf den Punkt bringen.

Die Co-Abhängigen waren froh, dass ihr komplexes Leiden endlich einen Namen hatte, der sie gleichzeitig mit Millionen anderer Familienmitglieder in aller Welt verband. Sie waren also keine »Verrückten« mehr – so fühlten sie sich oft –, sondern Menschen, deren Leben auf magische Weise von anderen und deren Suchtmittelmissbrauch bestimmt wurde.

In Deutschland spielt die Angehörigenarbeit noch immer, wie zum Beispiel von Ingrid Arenz-Greiving mehrfach belegt, ein Schattendasein. Erst in den letzten Jahren realisiert man die Probleme vor allem von Frauen mit abhängigen Partnern. Sicher spiegelt sich hier die typische Männer-Frauen-Relation unserer Gesellschaft: Männer dominieren im Suchtbereich, ihre Probleme stehen im Vordergrund. In der Sucht kommt hinzu, dass ca. 90 Prozent der Frauen ihre Männer bis zuletzt durch die Suchtkrankheit begleiten, umgekehrt dagegen aber nur 10 Prozent der Männer eine weibliche »Schnapsdrossel«.

Als Mann kann ich möglicherweise nur mit begrenzter Kompetenz auf das Thema eingehen. Meine geistigen Anleihen mache ich überwiegend bei Frauen. So auch in der Studie *Beratung und Information von Angehörigen durch Sucht-Selbsthilfegruppen*, gefördert aus Mitteln des Bundesministeriums für Gesundheit in Bonn (1998-1999): Das AutorInnenteam setzt sich aus 22 Frauen und einem Mann zusammen. Trotzdem fehlt Frauen bisher vielleicht geschlechtsspezifisch noch die nötige gesunde Durchschlagskraft, um sich entscheidend bemerkbar zu machen!

»Suffer and Smile«

»Leide und lächle!« Das ist das Lebensmotto vieler Frauen im Kennedy-Clan, der geprägt ist von vielfältigen (überwiegend männlichen) Süchten, beginnend bei der Sucht nach Sex und

Fremdgehen (verkündet vom Emporkömmling und Stammvater Joseph Kennedy) über Alkohol, Macht, Ruhm, Geld, bis hin zu Amphetaminen für die Arbeitssucht plus Kokain aus Polizeivorräten (beim hochstilisierten John F. Kennedy). Eine brisante Mischung, die nach dem Suizid (oder Mord?) der Geliebten Norma Jean alias Marilyn Monroe in einem letzten Auftritt und einem dramatischen Mord in Texas endete.

Auch nach dem Tod wurde bis vor wenigen Jahren alles belastende Material unter den Teppich gekehrt, um das Ansehen des Toten nicht zu gefährden. Wie mag seine Witwe Jackie gedacht und gefühlt haben angesichts all der Lügen? Natürlich fand sie eigene narzisstische Bestätigung in der Größe ihres Mannes. Auch ihre Nachfolgerin Hillary Clinton hält deshalb durch, trotz aller offensichtlichen Beweise der Untreue ihres Ehemannes.

Vielleicht war Jackie Kennedy nicht nur wegen ihrer Schönheit und ihres Geschmacks ein Identifikationsobjekt vieler anderer Frauen, sondern auch, mehr oder minder bewusst, als Co-Abhängige? Dafür spricht einiges. Wenn Frauen ihre eigenen Selbstwertprobleme nicht bewältigen, können sie das im Umweg über ach so tolle Männer tun, wie im Buch *Weiblicher Narzißmus. Der Hunger nach Anerkennung* von Bärbel Wardetzki treffend beschrieben.

Im Film *Leaving Las Vegas* sagt der Alkoholiker, der sich zu Tode trinken will, zu einer seiner Sex-Partnerinnen:»Ich bin nicht gekommen, um deinem Leben eine verkorkste Seele aufzuzwingen.« Wie großzügig ...

> »Ganz sicher morgen, net übermorgen oda vielleicht erst irgendwann, such i mir an, der net nur sauf'n kann!«
> *Erste Allgemeine Verunsicherung (1985)*

Vom Frosch, der sich auch beim Küssen nicht in einen Prinzen verwandelte

Das ist die viel zitierte Geschichte, die dem Syndrom der Co-Abhängigkeit ein Bild gibt. Alle Bemühungen führen nicht zur erhofften Wunderheilung, wenn die Sucht im Spiel bleibt. Frauen suchen ihren Prinzen – und glauben ihn zum Beispiel in dem Alkoholiker gefunden zu haben, der ja »eigentlich« soooo begabt und charmant wäre, *wenn* er nicht trinken würde ...

»Aus dem wird mal was!«, soll die zweite Frau eines bekannten westfälischen Politikers gesagt haben, bevor sie ihn eroberte. Leider wurde sie über dem Kummer, den er ihr bereitete, selbst zur Medikamentensüchtigen und Alkoholikerin, lebt jetzt in einem Pflegeheim mit einem Korsakow-Syndrom, das heißt, sie erkennt niemanden und nichts mehr, nicht einmal ihre eigene Tochter aus der Katastrophenehe.

Aus dysfunktionalen, also emotional leeren und belastenden Familienverhältnissen kann die »Sucht nach Personen und deren Problemen bzw. nach einer Beziehung mit ihren Problemen« entstehen, wie es die Sozialtherapeutin Doris Schneider in einer Fallbeschreibung schildert (*SuchtReport*, Heft 6/99, S. 44–47). Ihre »Anna« war beim Kuss selbst zum Frosch geworden ...

»In dieser Beziehungskrankheit werden eine ganze Reihe Menschen verkonsumiert. Je größer deren Schwierigkeiten und Probleme, umso härter ist der ›Stoff‹ und umso besser und intensiver der ›Kick‹ oder Rausch.« Es geht nicht um das SELBST, die ureigenste Persönlichkeit der Frau. »Sie kennt sich, wenn überhaupt, ausschließlich und immer nur bezogen auf etwas außerhalb ihrer selbst, das ihr Inhalt gibt, das sie ›ausfüllt‹. Das sind zum einen Männer, zum anderen Freunde, Arbeitskollegen und Klienten (Anna ist in einem Helferberuf tätig – d.Verf.), denen sie sich dienlich erweisen kann. All ihre Beziehungen zu Männern sind und waren Klammerbeziehungen, in denen es keine Grenzen gab, kein Ich und Du, kein Mein und Dein. Dafür aber ein Uns und Wir, oder, um es noch deutlicher zu machen:

LIEBE MICH – ICH LEBE DICH, denn ich weiß, was Menschen und besonders dir gut tut, da ich zu etwas Besonderem auserkoren bin ...!«

Reziproke Suchtmittel

»Was der Alkohol oder das Suchtmittel für den Alkoholiker ist, das ist für die Partnerin der Suchtkranke: Irgendwann dreht sich ihr ganzes Denken, Fühlen und Handeln um den Suchtkranken: Wie kann ich ihm helfen? Was muß ich tun, damit er nicht mehr trinkt? Wie kann ich verhindern, daß die Umgebung etwas merkt?« So Pia Mellody in ihrem Buch *Verstrickt in die Probleme anderer*. Es geht also um ein reziprokes Verhältnis.

Kompliziert kann die Beziehung dadurch werden, dass auch die Frau nicht frei von Süchten oder Suchttendenzen im engeren Sinn ist. Hier taucht das Henne-Ei-Paradox auf: Sind co-abhängige Frauen zu etwa 70 Prozent übergewichtig, wie amerikanische Fachleute annehmen, nur weil sie, frustriert und sexuell im Stich gelassen, den Kummer in sich hineinfressen? Oder liegt bei ihnen auch eine latente Essstörung vor, die nun ihre volle Ausprägung findet? Suchten sie sich gar einen potenziell untreuen Partner, um ihre eigenen sexuellen Schwierigkeiten besser verbergen zu können?

Diese Fragen lassen sich natürlich nicht schlüssig beantworten. Jedenfalls ist der Mangel an Selbstwertgefühl nicht eine Schuld der trinkenden Männer, genauso wenig wie die nicht selten verklemmte Sexualerziehung ihrer Partnerinnen. Sexuelle Verweigerung ist in süchtigen beziehungsweise co-abhängigen

Beziehungen die Regel, nicht die Ausnahme – und sie führt zu vermehrtem Suchtmittelkonsum und Fremdgehen ...

Um nicht missverstanden zu werden, muss ich hier ergänzen: Für die Suchtkrankheit darf auf keinen Fall die »Unzulänglichkeit« der Partnerin als Alibi gesucht werden! Aber aus der Erfahrung mit Hunderten von Angehörigen und Süchtigen kann ich nicht ausblenden, dass diese Beziehungen aus einem – wertfrei zu betrachtenden – gegenseitigen unbewussten Bedürfnis heraus entstehen. Die Dimension »Wir erkennen in anderen, was wir vor uns selbst verbergen« (Vauvenargues) ist nicht auszuschließen.

Zugespitzte Rollenanforderungen

Ingrid Arenz-Greiving fasst in ihrem Beitrag zum *Jahrbuch Sucht 1995* ihre Beobachtungen so zusammen: Das stereotype Selbstbild der Frau entspricht laut dem so genannten Gießen-Test der Forderung, »emotional (ängstlich, leicht verstimmbar und in sich gekehrt), aber auch unterwürfig zu sein. Sie soll sexuell attraktiv sein und zugleich mütterlich aufopfernd.« Dieses Bild erfüllt die Partnerin eines Suchtkranken über-optimal. Spiegelbildlich dazu sind Männer geprägt durch Un-Abhängigkeit, Dominanz und Angstfreiheit.

»Die Frau hatte seit alters her immer die Rolle der Hüterin der Gesundheit in der Familie. Sie pflegte die Kranken und sie sorgte für gesunde Lebensverhältnisse, für Ernährung, Vorratsbildung und Sauberkeit. Sie war und ist immer noch verantwortlich für den emotionalen Bereich, für die gesamte Atmosphäre in der Familie.« (Ebd., S. 231)

In der Selbstbeschreibung ergibt sich nach Arenz-Greiving folgendes Profil der betroffenen Frauen:

1. Sie fühlen sich endlos (maßlos, grenzenlos) gebunden an den Partner.
2. Sie nehmen sich selbst und ihre Entwicklung nicht wichtig. Sie empfinden keine innere Richtschnur, keine Orientierung für ihr Selbst.
3. Aus der Größe und dem Ausmaß ihrer Leidensfähigkeit bemessen sie ihren Selbstwert und ihre Selbstachtung.
4. Sie sind fürsorglich bis zur aufopfernden Hingabe.
5. Sie fühlen sich verantwortlich für die Emotionen in der Familie, für die Familienatmosphäre.
6. Sie fühlen sich aber auch überanstrengt und versuchen ihren Mann und sein Trinken zu verstehen, zu kontrollieren und zu therapieren.
7. Sie suchen immer wieder die Gründe und die Schuld für sein Trinken und Verhalten bei sich selbst, nach dem Motto: »Wenn ich eine richtige Frau wäre, würde er nicht trinken ...«, »Wenn ich schöner, schlanker, größer, kleiner, sexuell attraktiver etc. wäre, bräuchte er nicht zu trinken ...«, »Wenn ich ihn genug lieben würde, würde er nicht trinken ...«. (Ebd., S. 230)

Schulz von Thun beschreibt im dritten Band seines Bestsellers *Miteinander reden. Das »Innere Team« und situationsgerechte Kommunikation* die Persönlichkeit im Sinne einer inneren Mannschaft: Oft kämpfen nicht nur, wie bei Goethes *Faust*, »zwei Seelen« in unserer Brust, sondern noch einige mehr. Gerade bei Co-Abhängigen muss das so sein. Da gibt es die fürsorgliche Mutter, die kundige Krankenschwester, die hingebungsvolle Geliebte etc. Da kämpft die liebende, traurige Ehefrau mit der strafenden Rachegöttin, die mitleidige Pflegerin mit der wütenden, betrogenen »Idealfrau«. Abwechselnd tritt diese oder jene Teil-Persönlichkeit vor an die Rampe und spielt die Hauptrolle, um dann in dramatischem Wechsel wieder von einer anderen abgelöst zu werden ...

Diese Zerrissenheit wird von Co-Abhängigen oft so wahrgenommen beziehungsweise interpretiert, dass sie verrückt seien, geradezu »schizophren«. Innere Widersprüchlichkeit ist aber ein normaler Zustand. Was Co's erleiden, ist eine – durch die Mechanismen der Sucht hervorgerufene – extreme Zuspitzung.

Der Film *Das verlorene Wochenende* (von Billy Wilder) gibt das Spiel zwischen Sucht und Co-Abhängigkeit hervorragend wieder, verkörpert in einem Alkoholiker, seiner Freundin und seinem Bruder. Wie sagt die Freundin doch zu ihrem Geliebten, der offenbar überhaupt nicht motiviert ist für eine geplante Rettungsaktion (draußen am Fenster hängt an einem Bindfaden noch eine Flasche Whisky): »Du versuchst nicht zu trinken – und ich versuche dich nicht zu lieben!«

Wo bleiben die Mordgedanken?

Angehörige von Suchtkranken denken nicht selten an Selbstmord. Bei Frauen fehlt dagegen häufig etwas, was sich bei betroffenen Männern immer wieder findet: tief verwurzelte, ungebremste Hassgefühle gegenüber dem Suchtkranken, die sich bis hin zu direkten Todeswünschen und Mordgedanken steigern können. »Wenn ich zum Beispiel in der Zeitung lese, dass ein Sohn seinen alkoholkranken Vater erstochen hat, denke ich mir sofort: Hoffentlich bin nicht *ich* das!!!« So die Tochter eines Alkoholikers zu Beginn der hervorragenden ZDF-Dokumentation *Flaschenkinder* über drei Sucht-Paare und ihre Kinder. »Nicht gerade erstechen« wollte sie ihn, aber vielleicht einen Abhang runterstoßen ...

In meinen Therapien habe ich häufig gehört, wie sich Angehörige zu Mordgedanken, Mordversuchen und Mordwünschen bekennen, sobald sie sich einigermaßen sicher fühlen. »Ich habe mir oft gewünscht, daß er gegen einen Baum fährt und wir alle unsere Ruhe haben«, zitiert Peter Lewandowski im *stern*-Artikel »Wenn Papa zuviel trinkt« (Heft 6/1994) »seine« Co-Abhängigen. Andere hätten es gerne etwas indirekter: »Wenn ich von einem Unfall mit Toten im Radio höre, denke ich: Da könnte er doch dabei gewesen sein!«

Kinder malen Todesanzeigen – oder vorher die Eltern als Karikaturen, den Vater als stummen Fisch, die Mutter »mit Maske«. Im Fernsehspiel *Dunkle Tage* von Margarethe von Trotta bringen die Kinder die Mutter am Ende gemeinsam um. Den Streich mit einer Flasche führt der Junge, aber seine Schwester übernimmt vor Gericht die Verantwortung ...

Nie werde ich die Geschichte des Drogenabhängigen vergessen, der beide Eltern mit vier Jahren verlor, als der alkoholsüchtige Vater die ebenfalls suchtkranke Mutter im Eifersuchtswahn erschoss. Den Sohn erwischte er nur nicht, weil der in eine Kanalgrube sprang. – Oder die Biographie des Vatermörders, der seinen Vater bei einer gemeinsamen Sauftour erstach.

Was müssen Co's lernen?

Hier wollen wir dies anhand der Beschreibung von Ingrid Arenz-Greiving auf einem theoretischen Niveau betrachten. (Das Kapitel »Eine Leitlinie für Co-Abhängige« ab S. 160 zeigt die konkreten Schritte.) Wenn »Co-Abhängige verändern, wer sie sind und was sie fühlen, um andere zufriedenzustellen«, dann müssen sie offenbar insgesamt lernen, wieder sie selbst zu sein, statt ihre eigene Identität zu opfern.

»Nein!« Ein Wort, das Sie sich merken müssen!« Es geht also um das Finden von Grenzen: Wo höre ich auf, wo fängt der andere an? Zur Grenzziehung gehört auch Aggressivität – und natürlich ein Areal, das es zu schützen gilt, eigene Inhalte und Werte!

»Co-Abhängige fühlen sich für die Bedürfnisse anderer verantwortlich, auch und besonders auf Kosten ihrer eigenen Bedürfnisse.« Wenn Co's alles tun, um andere glücklich zu machen, tun sie das nicht immer aus Liebe und reiner Großzügigkeit, sondern »aus Angst vor Ablehnung oder dem Verlassenwerden. Der Co-Abhängige will immer einen guten Eindruck machen und um jeden Preis gefallen.« Dieses »people pleasing« bringt zeitweilig einen enormen sozialen Gewinn. Helfen und Beschützen stehen hoch im Kurs, nicht nur wenn man im weißen Kittel im Notarztwagen daherbraust und mit dem Koffer zur Unfallstelle hastet ...

Wichtig ist das Erkennen der eigenen Bedürfnisse. »Sie bekommen, was Sie wollen!«, pflege ich meinen PatientInnen zu sagen. »Aber wenn Sie es *nicht* wissen, kriegen Sie es sicher nicht. Ihr Partner weiß doch offenbar ganz genau, was er will. Wollen Sie ihm da weiter den Vortritt lassen?«

> »Ich soll alles für meinen Mann sein – Mutter, Krankenschwester, Bürohilfe, Finanzberaterin, Schmetterling, Muse, Dompteuse – und natürlich Geliebte!«

»Rede nicht, traue nicht, fühle nicht!«

Wer nach diesem Motto in der Familie groß geworden ist, wird nur wenig Selbstwahrnehmung entwickeln. Erst wenn andere etwas bestätigen, ist es »wahr«. Das kann wesentlicher Bestandteil einer Suchtberatung oder Psychotherapie sein. Wie viele Co's laufen von Arzt zu Arzt oder von einer Beratungsstelle zur anderen, ohne in ihren Wahrnehmungen ernst genommen und bestätigt zu werden? Die negativen Folgen institutionalisierter Co-Abhängigkeit sind besonders hier zu suchen: Diese Stellen (vgl. Kapitel »Arzt und Alkoholiker gehen sich aus dem Weg«, S. 140 ff.) verbünden sich – selbst im Helfersyndrom befangen – allzu oft mit den kranken Anteilen des Co-Abhängigen, nicht mit seinen gesunden!

Was bin ich selbst wert?

»Übermäßiges Verantwortungsbewußtsein, Geschäftigkeit, Arbeitssucht (Fresssucht, Medikamentenabhängigkeit – d.Verf.) und eine Tendenz zu abhängigen Beziehungen« sind nach Wegscheider Symptome von niedrigem oder mangelhaftem Selbstwert (zitiert aus Monika Rennerts Buch *Co-Abhängigkeit*; auch im Folgenden). »Co-Abhängige tun sich sehr schwer, Wertschätzung für sich selbst zu entwickeln, da sie ja nicht wissen, wer sie sind. Sie geben sich für alles die Schuld, fühlen sich unzulänglich und glauben, daß sie es nicht besser verdienen.« Es kommt noch schlimmer: »Co-Abhängige haben einen so enormen Anspruch an Perfektionismus an sich selbst. Sie fürchten, daß jeder kleine Fehler zur Tragödie wird.«

Ein Betroffener sagte: »Als Kind hatte ich immer Angst, die Ehe unserer Eltern (die Mutter war nikotinsüchtig, der Vater arbeitssüchtig) würde endgültig zerbrechen, wenn ich die Glaskuppel unserer Käseplatte fallen ließe ...«

Der Perfektionismus verbindet Süchtige und Co's wie mit einem unsichtbaren Band. Therapieziel für beide muss sein, mal fünf gerade sein zu lassen und das Leben zu genießen.

Zwanghaftigkeit

Hier ist die Nähe zur Sucht wiederum deutlich: Während der Süchtige zwanghaft säuft, fühlen sich Co's zum Beispiel gezwungen, jemanden eben vom Trinken oder »Süchteln« anderer Art abzuhalten, die Familie zusammenzuhalten, zwanghaft zu arbeiten, zu essen, das Haus sauber zu halten etc. Diese Zwanghaftigkeit erfüllt nach Cermak zwei Dinge im Leben: »Erstens schafft sie Aufregung und Dramatik, die (...) vorübergehend das Gefühl von Lebendigkeit gibt. Zweitens beansprucht ein solch zwanghaftes Verhalten viel Zeit und verhindert damit das Spüren von tieferen Gefühlen wie Angst, Traurigkeit, Wut und Verlassenheit ...« (Zitiert ebenfalls aus: Monika Rennert: *Co-Abhängigkeit*)

> »Ich richte es mir immer so ein, dass ich möglichst überfordert bin.«
> *Der Exmann einer Alkoholikerin*

Realitätsverlust und Grandiosität

Diese Merkmale haben Süchtige und Co's ebenfalls gemeinsam, wenn auch in verschiedener Version. Nehmen wir zum Beispiel die Finanzen: Der Süchtige ist »großzügig« (vor allem bei seinen Süchten), die Partnerin »knickerig« und »kontrollierend«. Oder der Wahn des Machbaren: Süchtige meinen, alles müsse sich ihren überdimensionalen Kräften unterordnen für ein übertriebenes Ziel, Co's glauben, alle Probleme beiseite räumen zu können, wenn sie nur alles versuchten. Der eine vertritt im Schamsystem das Prinzip Sucht und Kontrollverlust, der andere das Prinzip Kontrolle – das »Hobby« aller Co's. Gelingt ihnen das nicht, glauben sie an ihre eigene Unzulänglichkeit und geben sich die Schuld dafür, es nicht genug oder nicht auf dem richtigen Weg versucht zu haben.

Co's müssen also lernen, die im Kampf mit oder gegen die Sucht gewonnenen Allmachts-(Omnipotenz-)Gefühle abzulegen. Der Alkohol, das Heroin usw. sind stärker als alle menschliche emotionale Kraft.

Von der Unfähigkeit zu leben oder: Vom Überleben zum Leben

So fasste es eine meiner Patientinnen zusammen: Endlich die eigenen Schmerzgrenzen erkennen, beachten und anderen klarmachen. Vom ohnmächtigen Gefühl der Machtlosigkeit weg zu der Überzeugung, dass das eigene Leben wichtiger ist als das der anderen – und dass man das eigene Leben schon in den Griff bekommt, nicht aber das des Suchtkranken. Lachen, Freude, Spiel und Spaß – nicht nur etwas für die Nachbarn, sondern für *mich!* Mobilisieren aller Kräfte, Investition von Geld und Energie für die, die es verdienen, das heißt zum Beispiel für mich und die Kinder, nicht für den Suchtkranken, der wie ein schwarzes Loch im Weltall alles ohne Wirkung verschluckt.

»Raus aus dem Nicht-Existieren, der Außenseiterexistenz! Wir Angehörige sind zwar eine erstaunlich große ›Minderheit‹, aber wirklich leben tun wir nicht. Alle, die ich kennen gelernt habe, die mein Schicksal teilen, zum Beispiel in Gruppen, in der Mutter-Kind-Kur etc., wollen eigentlich nur ganz stinknormal leben und lieben.«

Mut zum Risiko

Angehörige von Suchtkranken haben eine tief verwurzelte Angst vor Veränderungen. Heiratet zum Beispiel die Tochter eines Alkoholikers einen Mann mit Alkoholproblemen, nachdem sie sich vorher zur Krankenschwester ausbilden ließ, dann wird sie die gemeinsamen Merkmale der EKAs haben, der Erwachsenen Kinder von Alkoholikern. Dazu gehören neben Selbstwertproblemen die Angst vor Veränderung, Partnerschaftsprobleme und eigene Suchtgefährdung.

Kaum hat eine Co-Abhängige beispielsweise die Eheproblematik erkannt, die sie strikt geleugnet hatte, kaum hat sie ihr Selbstwertgefühl so weit gefunden, dass sie sich nicht mehr alles gefallen lässt, dann muss sie mit ihrer Angst vor einer unbekannten Zukunft kämpfen. Wolf Lasko schlägt in seinem Buch *Perso-*

Co-Abhängige suchen sich gerne Aufgaben mit Perspektive ...

nal Power – Mut zum Handeln dazu eine einfache Übung vor: Setzen Sie sich auf einen Stuhl, legen Sie einen roten Faden drum herum. Jetzt vertiefen Sie sich gedanklich und gefühlsmäßig in die Situation – und machen einen symbolischen Schritt über den Faden ...

Zwei Beispiele

»Ich möchte es keinem wünschen«

Das sagte die Tochter einer Patientin, die in ihrem nicht einmal 20-jährigen Leben schon viel durchgemacht hat. Nicht laut, wie viele andere, sondern leise. So leise, dass sie jetzt ständig über Selbstmord nachdenkt, die Aggression also gegen sich wendet statt gegen die geliebte Mutter. Inzwischen befand sie sich selbst in Psychotherapie bei einer Psychologin, die ein Stück zur Ersatzmutter geworden ist. Bevor es dazu kam, mussten viele Dinge geschehen.

Es begann mit einem unfreiwillig filmreifen Auftritt der Mutter. Diese hatte ihren Frust über einen untreuen Ehemann und eine übergriffige Schwiegermutter wieder einmal im Alkohol ertränkt. Die Menge muss beträchtlich gewesen sein: Für die später festgestellten über 2,5 Promille braucht eine Frau ihres Gewichts und ihrer Größe ungefähr drei Flaschen Wein, flott getrunken. Die Tochter, nennen wir sie Nana, hörte ihre Mutter oben im Flur laut schimpfen. Am liebsten hätte sie sich die Ohren zugestopft. Als aktive Musikerin war sie hier sowieso sehr sensibel. Dann plötzlich ein lautes Rumpeln und Poltern, Schreie, dann Stille. Nach einer endlos erscheinenden Pause Schritte. Die Stimme des Vaters: »Was machst du denn? Was ist los? Kannst du mich hören?« Die Mutter mit verwaschener Stimme brüllend: »Lass mich in Ruhe!

Nimm deine Hände weg! Ist schon alles okay. Ich sagte doch: Hau ab!«»Aber du blutest. Wir müssen den Notarzt holen!«»Bloß nicht! Was soll der denken?!«

Nana löste sich aus ihrer Starre, rannte raus zum Treppenabsatz. Nur ein kurzer Blick auf die Mutter, die mit wirren Haaren und schmuddeliger Kleidung dalag und aus der Nase und einer Kopfplatzwunde blutete. Der Vater:»Bitte geh in dein Zimmer! Ich kümmere mich schon ...« Wenn doch wenigstens der Bruder da gewesen wäre ...

Der Vater versuchte zu telefonieren, immer wieder unterbrochen vom wütenden Geschrei der Mutter:»Bitte, kommen Sie sofort! Meine Frau ist die Treppe heruntergestürzt und blutet. Sie ist bei Bewusstsein, aber sie hat sich am Kopf verletzt.« Der Notarztwagen brauchte nicht lange.»Kommen Sie, das können wir nicht alles hier vor Ort versorgen. Sie müssen genau untersucht und geröntgt werden. Außerdem sind Sie völlig betrunken. Das kann gefährlich werden.« Lautes Protestgeschrei der Mutter:»Das können Sie sich abschminken! Was soll ich im Krankenhaus? Fragen Sie doch mal meinen sauberen Ehemann, warum ich saufe!?«

Nana hielt sich in ihrem Zimmer die Ohren zu. Wie oft hatte sie schreckliche Worte gehört, war den Auseinandersetzungen der Eltern hilflos ausgeliefert! An Wochenenden wie jetzt war es besonders schlimm.»Hoffentlich geht die Mutter endlich mit! Ich kann das nicht mehr ertragen. Vielleicht kommt sie dann auch vom Alkohol runter.«

Die Szene entwickelte sich nicht gut. Mit Gewalt mussten kräftige Sanitäter die Mutter rausschleppen. Nana wagte sich aus ihrem Zimmer, sah gerade noch, wie der Vater – sehr originell – Blutspuren im Eingang mit dem Fotoapparat dokumentierte. Stumm weinend knallte Nana die Zimmertür hinter sich zu ...

So merkwürdig es klingt: Der fürchterliche Sturz, der auch – wie bei nicht wenigen Suchtkranken – tödlich hätte enden können, war der Beginn eines Umschwungs. Die Mutter landete auf einer toxikologischen Abteilung zur körperlichen Entgiftung. Sie war konfrontiert mit Menschen, die wie sie selbst betrunken und aggressiv geladen eingeliefert wurden oder auch bewusstlos, die ganze Nächte ruhelos herumwanderten, die sich mit dem Pflegepersonal herumstritten, schrien und weinten.

Nanas Mutter war im wahrsten Sinne des Wortes ernüchtert. Das musste sie nicht noch einmal haben ... Trotzdem reagierte sie zunächst ablehnend, als ihr der Stationsarzt am dritten Tag eine Adresse zur Weiterbehandlung vermitteln wollte. »Das brauche ich nicht! Ich hab doch keine Macke. Alkohol rühre ich nie wieder an, das verspreche ich Ihnen! Mich sehen Sie nie wieder.«

Nach langem Zureden »versuchte« Nanas Mutter doch einen Psychotherapeuten, der sich mit Sucht auskennt. Er sah gar nicht so aus und benahm sich auch nicht so merkwürdig, wie sie es von »Irrenärzten« angenommen hatte. Bald war er ihr sogar sympathisch. Sie begann über ihre Geschichte mit der Ehe und dem Alkohol zu sprechen. Gegenüber den Versuchungen unserer alkoholischen Gesellschaft blieb sie standhaft. Dafür rauchte sie wieder mehr und trank viel Kaffee.

Die Familie war erleichtert. Sogar der sonst so coole Sohn äußerte sich begeistert. Das konnte doch nicht wahr sein!? Fast sein ganzes bewusstes Leben hatte er seine Mutter als lieb, aber unberechenbar erlebt. Wann war sie wieder betrunken, wann war sie deshalb launisch und manchmal aggressiv? Nie konnte man sicher sein.

Die Mutter erzählte dann auch von ihrer Nana, kurz nach deren Geburt die ganze Misere mit dem Alkohol begonnen hatte. Sie war noch so kindlich, so anhänglich. Dann stellten sich eigenartige Zwangsrituale ein, bei denen die Tochter mehrfach kontrollieren musste, ob denn niemand unter ihrem Bett sich versteckt, ob die Balkontür verschlossen ist usw. Bei einer Reise mit einer fremden Familie geriet sie in Panik, musste den schönen Urlaub abbrechen. Was war los? Auf jeden Fall brauchte Nana professionelle Hilfe. Diese bekam sie bei einer Kinder- und Jugendlichen-Psychotherapeutin, die erst das ganze Ausmaß der psychischen Probleme herausarbeitete. Nana gab zu, dass sie schon lange Selbstmordgedanken hatte: »Ich habe es nur aus Liebe zur Mutter – noch – nicht getan.«

Über dem Abgrund

Eine Frau zeichnete die Lage mit ihrem ach so netten Ehemann (vgl. S. 30): Sie, eine ausgesprochen zarte, schmale Person, hält den übergewichtigen Ehemann über einem Abgrund fest. Sollten ihre schwachen Kräfte für einen Moment nachlassen, ist es passiert ... So nimmt sie jedenfalls die Situation wahr. In einem langen Brief an mich schilderte sie – zunächst typisch co-abhängig – ihre Empfindungen:

»Durch meine Berichte bei Ihnen ist ein völlig falsches Bild meines Mannes entstanden. Das Bild ist falsch, ist unwahr. Ich schäme mich und es tut mir weh, dass ich so ein Bild entworfen habe ...« (Sie schildert im Weiteren die hohe Verantwortungsbereitschaft ihres Mannes im Beruf, seine guten Leistungen und Beurteilungen. Er sei »nie bedenklich betrunken« zur Arbeit gegangen.) »Mit übermenschlicher Energie und Anstrengung versucht er seit 1993 kontrolliert zu trinken. Aus Fachbüchern weiß ich inzwischen, dass dieser verzweifelte Versuch zum Scheitern verurteilt ist ...

Es gab drei extreme Rückfälle, zuletzt im Januar 1999. Diese Ereignisse haben mich furchtbar erschreckt. Die Erfahrung im Januar hat mich in uferlose Panik gestürzt. Ich war täglich von der Angst verschlungen, dass es sich am nächsten Abend wiederholen

könnte. Ich holte ihn, obwohl ich mich dafür schämte, mehrere Male aus seinem Büro ab. Die Angst fraß mich auf – und es gab keine Möglichkeit, mit dieser Angst umzugehen.

Ich liebe meinen Mann sehr. Seit dieser Januarnacht lebte ich in der ständigen Angst, dass der nächste Abend sein, unser Untergang sein könnte ... Ab da trug ich Ihr Buch jeden Tag mit mir herum und damit die Vorstellung, dass es da jemand auf der Welt gab wie Sie, jemand, der irgendwie von uns wusste. Es war mein Trost, eine Art Rettungsanker für uns zwei Tänzer auf dem Seil über dem Abgrund.«

So weit Frau M. An jenem Januarabend war ihr Mann abgestürzt. Sie hatte ihn in einer Kneipe gesucht und gefunden, völlig betrunken. Sie – ungefähr halb so schwer wie er und zwei Köpfe kleiner – versuchte ihn nach Hause zu schleppen. Er stützte sich auf sie. Draußen regnete es in Strömen. Nach wenigen Metern rutschte er aus, fiel buchstäblich in die Gosse. Verzweifelt rief sie um Hilfe. Ein Taxi fuhr einfach weiter. Schließlich fand sie einen hilfsbereiten Menschen, der mit ihr zusammen den völlig durchnässten Mann in die Wohnung schleppen half.

Frau M. weiß nicht, ob sie wieder kommen soll. Nach wenigen Therapiestunden drohte ihr Mann: »Bevor du mich in eine Therapie schleppst, bringe ich mich um!« Aber es wird letzten Endes nicht anders gehen ... Inzwischen hat er seine Drohung umformuliert: »Bevor ich in eine Therapie gehe, werde ich lieber nüchtern!«

Die Angst Suchtkranker vor ihren Gefühlen kann groteske Züge annehmen.

L'arte dell' cambiamento – Die Kunst des Wandels

So lautet frei übersetzt der Titel eines viel zu unbekannten Buches von Giorgio Nardone und Paul Watzlawick über das, was sie »strategische Therapie« nennen (der offizielle Titel dieses Buches lautet *Irrwege, Umwege und Auswege* – vgl. Literaturverzeichnis). Worum geht es? Lösungen zu finden für eine bessere Gegenwart und eine bessere Zukunft. Hoffnung auf eine bessere Vergangenheit gibt es nicht! Da bleibt nur der Trauerprozess: Nach dem langen Leugnen der Probleme die Wut: »Warum gerade ich? Hat mich Gott nicht lieb, dass er mich so bestraft?« Dann die Phase des Handelns, des Feilschens: »So schlimm kann es ja nicht sein! Irgendwie kriege ich das schon hin. Vielleicht ist mein Partner nur von einer Art Infektionskrankheit befallen?! Oder es ist alles vererbt!? Außerdem hatten wir ja auch gute Zeiten!« Schließlich kommt – bei einem gesunden Trauerprozess – doch die Depression, die eigentliche Trauer über das, was war, mit Tränen und Verzweiflung, Leere und Wut.

Wer sein Schicksal angenommen hat, kann es gelassen anschauen: »So war es nun einmal! Ich bin froh, dass ich es überlebt habe. Wenn ich für die Gegenwart und Zukunft etwas daraus gelernt habe – umso besser! Aus dem Rest meines Lebens mache ich so viel wie möglich, das heißt, ich lebe es mit allen Höhen und Tiefen. Ich gebe und nehme. Ich bin für mich verantwortlich, die anderen für sich. Ich will weder süchtig noch co-abhängig sein. Gott hat mir nur *ein* Leben gegeben. Das will ich nutzen, Tag für Tag. Trotz aller Bemühungen werde ich Fehler machen, schuldig werden an mir und anderen. Dann versuche ich mich zu ent-schuldigen oder den Fehler wieder gutzumachen. – Die Liebe soll mein

Leben bestimmen, nie mehr die (Sucht-)Krankheit eines Mitmenschen – und schon gar nicht der Hass!«

Bis zu dieser Haltung ist es natürlich ein weiter Weg. Die Menschen, die PatientInnen, die zu mir kommen, sind zunächst einmal wütend und verzweifelt: »So kann und darf es nicht weitergehen! Helfen Sie mir!« Damit sind sie schon einen weiten Weg der Motivation gegangen, denn sich helfen zu lassen, ist bekanntlich mit das Schwierigste. Gerade Süchtige und Co-Abhängige scheitern oft daran. Das bedeutet ja, die Fassade fallen zu lassen ... Ich? Brauche Hilfe??

Nach der Motivation folgt dann: »Mein Partner/meine Partnerin/mein Kind ist süchtig. Und ich bin ›Co‹.« Noch schwieriger: »Mein Angehöriger darf, um gesund zu bleiben, nie wieder Alkohol oder Drogen oder (suchterzeugende) Medikamente zu sich nehmen. Und ich muss komplett aufhören mit Beschützen und Erklären, Kontrollieren, aber auch mit Anklagen.« Als wenn das noch nicht genug wäre: »All dies kann nicht gelingen, wenn ich/wir nicht unser Leben grundlegend ändern!«

In den folgenden Kapiteln will ich versuchen, anhand konkreter Fälle zu beschreiben, wie Co-Abhängigkeit verläuft, aber vor allem, wie man sich davon befreien kann. Natürlich sind alle geschilderten Schicksale letzten Endes offen, im Guten wie im Schlechten. Ganz bewusst konzentriere ich mich auf »Fälle«, auf Lebensgeschichten, die, zumindest vorerst, viel positiver laufen, als die Beteiligten annahmen, annehmen mussten, als sie meine Praxis betraten.

Wir alle (auch Sie!) tragen die Fähigkeit zur Lösung in uns.

»You can't always get, what you want – but if you try some time, you get what you need.« (Du kannst nicht immer das bekommen, was du willst – aber wenn du es eine Zeit lang versuchst, bekommst du, was du brauchst.) Eine kluge Zeile aus einem Song der Rolling Stones: Wir brauchen den Mut, Lösungen herbeizuführen, alle Risiken dafür auf uns zu nehmen. Das ist immer noch wesentlich besser, als uns dumpf in unser Schicksal zu ergeben. »Wir sind nicht nur für das verantwortlich, was wir tun, sondern auch für das, was wir nicht tun!«, hat der Dichter Molière einmal gesagt.

> Passend zum »Jahr der Angehörigen« wurde das Buch eines EKAs, eines Erwachsenen Kindes eines Alkoholikers, auch in Deutschland zum Bestseller: »Die Asche meiner Mutter« von Frank McCourt. Das erschütternde, traurige und komische Leben und Leiden der eigenen Suchtfamilie zum Nummer-eins-Bestseller der »New York Times« zu machen, mehrere Preise, so auch den Pulitzer-Preis damit zu gewinnen – das ist von unschätzbarem Verdienst für die Sache der Angehörigen.
> Inzwischen gibt es den erfolgreichen Film zum Buch. Damit dürfte das Schicksal der Angehörigen endlich aus dem Dunkel ans Licht gekommen sein.

Fallbeispiele

Die Familiengründung

Für die wichtigsten und schwierigsten Aufgaben im Leben werden wir so gut wie nicht vorbereitet: für die Ehe und für die Rolle als Eltern. Nur noch wenige Paare nehmen an entsprechenden Vorbereitungsseminaren teil. Und hier fehlt neben vielen anderen Themen allzu oft das Tabuthema Sucht, vor allem Alkohol. Beide Partner haben ein Interesse, es zuzudecken. Der unmittelbar betroffene Partner, meistens, aber nicht immer der Mann, weil er es sowieso leugnet (»Männer mögen Bier. Das ist ganz normal!«), der andere, weil die Frage möglicherweise den ganzen Partnerschafts- und Eheplan in Gefahr brächte. Und Liebe macht bekanntlich blind ...

Viele Paare gehen sehr bald wieder auseinander, oft vor der Geburt gemeinsamer Kinder. Das Single-Dasein ist in unserer narzisstischen, egozentrischen und süchtigen Gesellschaft »in«. Schaffen wir uns ein teures Auto an, einen Hund oder gar ein Kind? Der katholische Theologe Oswald von Nell-Breuning hat es auf den Punkt gebracht: Wir leben in einem System, das die Kinderlosigkeit prämiert. Je weniger Kinder, je mehr die Partner arbeiten können, desto besser die Altersversorgung – und umgekehrt. Früher war es anders: Die Kinderreichen hatten nicht zuletzt deshalb so viele Kinder, damit sie im Alter von ihnen versorgt werden konnten.

Ab einer gewissen Kinderzahl droht die Verarmung. Kinderreiche Familien gelten als »asozial«. Dafür werden auch pseudorationale Argumente gesucht wie die Frage, ob man in diese Welt noch Kinder setzen sollte ... Das hätte man sich fast zu allen Zeiten fragen können!

Wenn die Frage der Suchtgefährdung in einem Eheseminar ausgespart wird, kann das weit reichende Folgen haben. Ein paar einfache Fragen könnten dabei schnell helfen, dem Problem auf die Spur zu kommen. »Wie viel Bier trinken Sie denn so?« Diese an und für sich nahe liegende Frage führt nicht weiter. Der Betroffene hat längst gelernt, unverfänglich zu antworten: »So zwei bis drei Bier (er meint das erste und das letzte!), nach dem Sport auch mal mehr ...« Viel besser die simple Erkundigung: »Schimpft Ihre Freundin häufiger über Ihren Alkoholkonsum?« Wenn sie es tut, ist das schon fast eine Diagnose wert, denn die Toleranz gegenüber männlichem Trinken – inklusive einiger Räusche – ist in Deutschland so hoch, dass negative Gefühle innerhalb der Partnerschaft bezüglich Alkohol ein untrügliches Zeichen sind für übertriebenen Konsum, der über kurz oder lang im Alkoholismus enden wird.

Präziser sind die Fragen aus dem so genannten CAGE-Test (Englisch »Käfig«):

- Haben Sie erfolglos versucht, Ihren Alkoholkonsum einzuschränken?
- Ärgert es Sie, dass andere Ihr Trinken kritisieren?
- Fühlen Sie sich schlecht oder schuldig wegen des Trinkens?
- Trinken Sie als Erstes am Morgen, um Ihre Nerven zu stärken oder einen Kater loszuwerden?

Besonders die letzte Frage ist geeignet, eine Gefährdung hohen Grades zu erkennen. Das Letzte, was man einem Normaltrinker nach einer durchzechten Nacht anbieten kann, ist erneut Alkohol. Kennen Sie den Brechreiz, der sich einstellt, wenn man nach einer Party Gläser wegräumt, in denen sich noch Reste von Bier oder Rotwein befinden? Die üblichen, nicht nur gut gemeinten Rezepte – gegen den Kater Weißbier mit Hering – sind also genauer betrachtet nichts anderes als der beste Weg zum Alkoholmissbrauch oder die Unterstützung schon vorhandener Neigungen.

»Soll ich diesen Mann heiraten und mit ihm Kinder haben?«

Diese Frage stellte Frau D. ihrer Allgemeinärztin Frau Dr. E. vor drei Jahren. Sie erzählte von ihrem Freund, der »schwierig« war, unter Angstattacken litt und gelegentlich viel Alkohol trank, manchmal auch morgens schon einen Cognac, »um den Magen zu beruhigen«. Frau Dr. E. hörte in diesem Punkt nicht so genau hin (da sie das unangenehme Thema Alkohol aus ihrer eigenen Familie selbst nur zu gut kannte), setzte sich aber zu einer ausführlichen Anamnese mit dem Mann zusammen. Er litt unter einer gefühlskalten Mutter und einem geistig abwesenden Vater, vor allem aber unter der Tatsache, dass bereits vor seiner Geburt ein Kind, ein Mädchen, in der Familie lebte, das durch einen schrecklichen Unfall getötet wurde. Die Bilder hingen überall, die Eltern sprachen über Ulrike, als sei sie noch am Leben. Über *seine* Existenz machte man sich dagegen wenig Gedanken. Die Mutter schickte ihn zum Beispiel noch in einer solch schlechten Verfassung zur Schule, dass er den Schulweg kaum mehr schaffte ... Nach Hause zu gehen traute er sich verständlicherweise auch nicht. Selbst gute Leistungen in der Schule, Führungspositionen in der Klasse und im Sport – typisch für die »Heldenrolle« in Suchtfamilien – brachten wenig Gewinn an Zuwendung.

Die steile berufliche Karriere war begleitet von zunehmendem Alkoholkonsum. Die Parade hübscher Frauen endete erst bei der jetzigen Freundin, mit der er es »ernster« meinte. Wenn man jetzt noch Kinder wollte, müsste es etwas schneller gehen. Frau Dr. E. reagierte richtig: Sie schickte Herrn F. zur Psychotherapie zu mir. So kam auch das Alkoholproblem zur Sprache, vor allem, als ich seine Freundin dazuholte. Was er bagatellisiert hatte, wurde jetzt überdeutlich: Der Alkohol war ein enormer Störfaktor – und Frau D. hatte große Angst, es würde ähnlich laufen wie bei ihrem Vater, der mit dem Alkohol viel angerichtet hatte.

Nun, die Therapie war nicht einfach, aber Herr F. konnte die väterlich getönte Unterstützung von mir annehmen, dass die Güterabwägung vielleicht doch mehr für die Familie, für seine künftige Frau und ein Kind sprach, nicht aber für den Alkohol. Seine Panikattacken verschwanden ohne medikamentöse Hilfe. Irgendwann wurde die Verbindung zwischen den beiden Partnern offiziell, ein Kind war schon unterwegs. Herr F. war bei der Geburt dabei, überstand die ganze Aufregung ohne Alkohol – und ist jetzt stolzer Vater. Und das Happyend für die betreuende Ärztin: Ihre Patientin kam kürzlich in die Praxis, präsentierte ihr Kind und dankte mit Tränen in den Augen für die Unterstützung.

Wenn es nur immer so laufen würde! Warum müssen erst viele Jahre vergehen, bis unglückliche Mütter mit unglücklichen Kindern in die Erziehungsberatung oder ins Jugendamt kommen, in Frauenhäuser flüchten etc.? *Um die Kindheit betrogen* lautet der Titel eines bekannten Buches von Janet G. Woititz. Dem Sohn der Familie F. wird es hoffentlich nicht so ergehen. Die Voraussetzungen dafür sind geschaffen, aber die Sucht ist eben eine Krankheit, die nicht geheilt, sondern nur zum Stillstand gebracht werden kann. Insofern ist das Ende auch hier offen.

»Ohne Alkohol hätte ich meine Frau nie kennen gelernt«

So drastisch, aber doch realistisch drückte sich ein inzwischen trockener Patient aus. Leider trennte sich seine Frau, mit der er zwei Kinder hat, im Laufe des Heilungsprozesses von ihm. Es wird ihm also nichts anderes übrig bleiben, als in seinem fortgeschrittenen Mittelalter einen völlig neuen Lernprozess durchzumachen: Wie lerne ich eine Frau kennen, ohne dass mein Über-Ich mit seiner lästigen Kontrolle durch Alkohol geschwächt ist, ohne dass meine Zunge dadurch gelöst wird, meine Körperhaltung die innere Anspannung nicht verrät etc.?

Früher galt auch für ihn das Motto »Schluck für Schluck kommt man sich näher«. Mit der Stärkung durch ein paar »Bierchen« oder »Viertele« vorweg lässt sich viel flotter sagen: »Küss die Hand, gnä' Frau, Ihre Augen san so blau«, wie die Gruppe »Erste Allgemeine Verunsicherung«, so schön gesungen hat. In diesem besonders bei Frauen beliebten Lied geht es um den schnellen Zugang zum Sex, aber deutlich auch um die Schwächen mancher Männer wie den verfrühten Samenerguss. Man kann sich also mit Alkohol seinem Gegenüber nicht nur flirtend nähern, man kann es sich sogar »schön trinken«, und das so verführerisch, dass man am nächsten Morgen ganz überrascht und nicht immer erfreut feststellt, mit wem man da im Bett gelandet ist ...

Frauen berichten im Rückblick auf eine lange Partnerschaft immer wieder, dass ihnen die Partner oft schon im allerersten Moment alkoholisiert begegneten, sie auf einen Drink einluden etc. Süchtige sind meist »nüchtern schüchtern«. Erst mit Hilfe des Alkohols laufen sie zu Charme und großer Form auf. Nicht zufällig beginnt in der Pubertät nicht nur der Umgang mit dem anderen Geschlecht, sondern starten auch fast alle Suchtkarrieren.

»Ich mache selbst die Härtestgesottenen weich, lasse sie flirten, durchbreche Mauern und verschaffe so manchem den Höhepunkt sexueller Befreiung – etlichen Gefühlskrüppeln allerdings nur auf dem Umweg von brutaler Herrschaft. Wer aber die Flasche allzusehr umarmt, damit Umarmungen gelingen, den strafe ich mit Impotenz.« So Jürgen Neffe in seinem glänzenden Essay »Gestatten, mein Name ist Alkohol« im *Süddeutsche Zeitung Magazin* vom 10. Juli 1992. Ganz ähnlich hat das auch schon Shakespeare formuliert: »Alkohol steigert das Verlangen, erschwert aber die Durchführung.«

Eifersucht und Alkohol

In diesem Zusammenhang ist auch der alkoholische Eifersuchtswahn zu sehen, der ausschließlich bei Männern auftritt. Mit der eigenen Treue nehmen sie es oft nicht so genau, nicht selten ist sogar Sexsucht im Spiel. Bei den eigenen Partnerinnen vermuten sie dann im Sinne einer Projektion ähnliches Verhalten. Das beginnt mit Verdächtigungen, geht über wiederholte strenge Verhöre hin zu körperlichen »Untersuchungen« bis schließlich zu Vergewaltigungen (»Dir werd ich's zeigen, mit anderen rumzumachen!«), Mordversuchen und schließlich Mord.

Eine solche Tat ist leider kein Einzelfall: Die Mitarbeiter eines Supermarkts warteten auf eine Verkäuferin, die sonst immer sehr pünktlich war. Plötzlich ein entsetzter Anruf ihrer Tochter: »Ich bin gerade nach Hause gekommen. Überall Blut! Bitte, helft mir!« Schluchzend legte sie wieder auf. Wenig später verfolgten die Kollegen (überwiegend Frauen) die Blutspur. Sie führte in den Keller. Dort lag ganz hinten die Verkäuferin, tot, von mehreren Schüssen getroffen. Ihr eifersüchtiger alkoholabhängiger Freund wurde wenig später in seiner Lieblingskneipe ohne Widerstand festgenommen. Das Urteil ist mir nicht bekannt, auch nicht, ob ihm seine Alkoholisierung strafmildernd angerechnet wurde, wie leider in Deutschland üblich. Dem co-abhängigen Opfer und ihrer für das Leben gezeichneten Tochter hilft das sowieso nicht mehr.

> **Love it, leave it or change it!**
> **(Liebe die Situation/Beziehung, geh raus – oder verändere sie!)**
> **Eine vierte Möglichkeit gibt es nicht.**

Eine Wunderheilung?

Lange Zeit sah es wahrlich nicht danach aus ...

Die sympathische junge Lehrerin war fleißig. In ihrem Hang zum Perfektionismus verbiss sie sich in ihre Korrekturen, bis sie nur noch im Alkohol Entspannung zu finden glaubte. Brav lebte sie noch bei ihren Eltern, die offenbar nicht richtig wahrnahmen, was sich da unter ihren Augen abspielte: Die Tochter war dabei, sich zu Tode zu trinken. Äußerlich sah man ihr noch nichts an, aber die Leberwerte sprachen eine unangenehm deutliche Sprache.

Dann gab es da noch einen 14 Jahre älteren Freund, ebenfalls ein korrekter, pflichtbewusster Mensch. Allerdings war sein Leben nicht ganz so geordnet, wie es nach außen hin den Anschein hatte. Die Ehe mit seiner Frau lag seit Jahren auf Eis. In der gemeinsamen Wohnung lebte man nebeneinander her. Zwei Kinder waren inzwischen erwachsen und hatten das nicht mehr so fröhliche Elternhaus aus Studiengründen verlassen.

Aus einem früheren Arbeits-Techtelmechtel war eine Dauerbeziehung übrig geblieben. Für den Mann, nennen wir ihn Herbert, ständiger Anlass zur Sorge: Die Frau trank, schon immer. In der Firma hatte sie ganz zu Beginn einen vernünftigen Vorgesetzten gehabt, der sie massiv unter konstruktiven Druck setzte. Entweder sie hört auf zu trinken oder sie geht. Zu ihrem Pech wurde dieser Mann befördert und in eine andere Abteilung versetzt. Der neue Vorgesetzte bekam schnell Wind von dem Alkoholproblem. Aber er zog es vor, die Verantwortung zu delegieren. Zu den anderen Angestellten sagte er: »Wenn ich Frau B. noch ein einziges Mal erwische, fliegt sie!« Die anderen begriffen: Wir müssen die Kollegin um jeden Preis »schützen«! Das taten sie dann auch. Man wunderte sich nur manchmal, dass sie nicht schon gestorben war – oder im häufiger angekündigten Selbstmord endete.

Herbert stand also zwischen drei Frauen. Seine Ehefrau konnte er doch nicht im Stich lassen – nach so langer Ehe unmöglich. Dagegen sprachen seine moralischen Überzeugungen, die er tief verinnerlicht hatte: »... in guten wie in schlechten Tagen ...« Dann das Dilemma mit der süchtigen Kollegin: Wenn ich mich trenne, bringt sie sich endgültig um ...! Gleichzeitig wäre es natürlich schade, wenn er die jüngste seiner drei Frauen verlieren würde. Schließlich teilte er mit ihr so viele Interessen. Wenn er mit ihr zusammen war, fielen alle Sorgen von ihm ab.

Sorgen hatte Herbert aber auch mit seiner eigenen Gesundheit. Er beschäftigte mehrere Internisten gleichzeitig mit seinen Verdauungsproblemen. Die Untersuchungen erbrachten eine Refluxösophagitis – Beschwerden, die durch den Rückfluss von Magensäure in die Speiseröhre hervorgerufen werden. Operationswürdig sei die Sache allerdings noch nicht ... Dazu kamen Schlafstörungen und immer wieder Rückenprobleme.

Seine jugendliche Freundin, die Lehrerin, kam zunächst wegen »Herzrappel« zu mir, das heißt zur Beobachtung von Herzrasen, das bei ihr Todesängste auslöste. Organische Ursachen waren nicht gefunden worden, also könnte es ein psychisches Problem sein. Die Befragung ergab sehr bald, dass die Patientin ihre Zustände massiv mit Alkohol zu behandeln versuchte beziehungsweise schon präventiv den Alkohol als Selbstbehandlung einsetzte. Ihre Lebensgeschichte wie ihre Familie versuchte sie als ganz unauffällig darzustellen. Allerdings habe sie als Jugendliche mal eine schlimme Zeit durchgemacht, sei dabei sogar »in der Psychiatrie gelandet«. Es ging damals um religiöse Zwangsvorstellungen. Sie las die Todesanzeigen und versuchte, für die Sünden der Verstorbenen umfassend zu beten. Dabei konnte sie nie genug tun – und verzweifelte. Dann war da noch der Bruder, der vielleicht noch eher in die Psychiatrie gehört hätte. Er hatte ein so skurriles Verhalten, dass man an seinem Verstand zweifelte. Außerdem war er homosexuell, keine leichte Kombination in einer niederbayerischen Kleinstadt.

Frau C. setzte sich in der Therapie heftig mit mir auseinander. Sie kam widerwillig, aber doch regelmäßig. Ich musste sie mit den möglichen Folgen ihres selbstzerstörerischen Alkoholkonsums konfrontieren. Immer wieder wurde sie rückfällig. Das sei aber nicht so schlimm, wie ich annähme ... Womöglich kämen dann die »Herzrappel« wieder. Kontrollen ihrer Leberwerte lehnte sie zunächst ab. Wenn da Schlimmes herauskäme, würde sie vor Angst kein Auge mehr zudrücken können.

Es wurde mir zu bunt. Ich hörte von dem Freund, bat ihn zu einem Gespräch dazu. Ein angeregter Austausch folgte. Er schilderte das oben beschriebene Dilemma. Ganz irritiert reagierte er auf meine Einwände, er könne auch durch Nicht-Handeln schuldig werden. Wie denn die Bilanz seiner Beziehungen, die Bilanz seiner Hilfe aussähe? Die Ehefrau ist frustriert, die Kollegin säuft weiter, die Freundin Nummer Drei säuft ebenfalls ... Irgendwas, genau genommen alles, läuft schief. Möglicherweise werde ja jemand verletzt, wenn er sich endlich festlegen würde. Aber immer noch besser ein Ende mit Schrecken als ein Schrecken ohne Ende. Schließlich die Kernfrage: »Mit welcher Frau möchten Sie alt werden?«

Monate lief die Therapie von Frau C. weiter. Der Abstand zwischen den Terminen wurde größer. Es änderte sich nichts. Die Rückfälle in den Alkohol waren vorhersagbar. Ärgerlich wurde ich, als ich noch einmal sozusagen auf den Putz klopfte. »Was ist eigentlich Ihre Vorstellung: Halten Sie sich wirklich für suchtkrank? Oder meinen Sie etwa, ich übertreibe bloß? Ein bisschen weniger – und die Sache ist in Ordnung!?« Es stellte sich heraus, dass wir einige Zeit aneinander vorbeigeredet hatten. Die kluge Frau hielt sich nicht für krank. Lehrer wissen vieles besser ... Im Übrigen sei auch ihr Freund der Meinung, mit gewissen Einschränkungen sei schon alles bestens ... »Leider sprechen Ihre Leberwerte eine ganz andere Sprache! Wie wäre es mit einem erneuten Dreiergespräch?!« Ihre Begeisterung hielt sich in Grenzen.

Immerhin hatte sich während der Therapie etwas angebahnt: Frau C. stellte ihrem Freund ein Ultimatum. Trotz aller Liebe wollte sie nach acht Jahren endlich eine Entscheidung. Entweder er sagt es seiner Frau bis zum 31.12., oder sie wird sich von ihm trennen. Ein Urlaub mit der Kollegin sei auch nicht mehr drin ... In allerletzter Sekunde hatte Herbert eingelenkt. Seiner Frau gestand er das – ihr natürlich längst bekannte – »Verhältnis«. Seiner anderen Freundin »kündigte« er ebenfalls.

Das bestätigte er in unserem erneuten Gespräch. Die beiden saßen zusammen auf dem Therapiesofa nebeneinander, lachten sich an. In vier Wochen zögen sie in eine gemeinsame Wohnung. Er dankte mir noch einmal ausdrücklich für meine deutlichen Worte beim letzten Mal. Er sei eben so ein Feigling ... In den letzten Monaten hätten sich erstaunliche Veränderungen ergeben. Seit der Trennung von seiner Frau verstünden sie sich so gut wie nie zuvor seit über 20 Jahren. Nun könnten sie in Frieden die gemeinsame Wohnung aufgeben.

»Ja, noch ein kleines Wunder. Sie werden es nicht glauben, aber meine Dauerfreundin ist letzte Woche in eine Suchtfachklinik gegangen. Damit hätte niemand mehr gerechnet. Ich hatte ja immer Angst, sie würde sich umbringen, wenn ich nicht ihr Freund bliebe.«

Ein Lächeln konnte ich mir nicht verkneifen. »Da sehen Sie, was Sie angerichtet haben! All die aufgeschobenen Entscheidungen. Jetzt sagen Sie bloß noch (zu Frau C. gewandt), Sie haben auch noch aufgehört zu trinken?!« »Ja, tatsächlich! Ihr ewiges Generve hat geholfen. Der Gang zum Hausarzt war ja schon schlimm genug. Jetzt trinken wir beide seit drei Wochen keinen Tropfen. Gemeinsam ist das viel leichter. Ein Schweinebraten mit Apfelschorle ist zwar gewöhnungsbedürftig. Aber man überlebt auch das.«

Wie konnte das passieren? Es waren keine Entscheidungen im luftleeren Raum. Herbert wurde erst jetzt klar, dass er nur mit dem Ultimatum seiner Freundin im Nacken die wichtigen Schritte geschafft hatte. Dass die Lösung, die ja so nahe liegend war, gleich alle drei Frauen glücklicher gemacht hatte – umso besser.

Konstruktiver Druck war nötig, um aus der Co-Abhängigkeit auszusteigen. Die vermeintliche Hilfe hatte alle Beteiligten ins Unglück geführt. Das Leben hatte einen überraschenden anderen Verlauf vorgesehen.

Fast hätte ich es vergessen: Beim Rausgehen drückte mir Herbert heftig die Hand. »Was ich unbedingt noch loswerden muss: Mein Sodbrennen ist vorbei. 18 Jahre habe ich darunter gelitten, die Ärzte verflucht. Jetzt ist alles vorbei.« »Da sind Sie wirklich arm dran. Normalerweise braucht ein Patient mit psychosomatischen Beschwerden nur sieben Jahre bis zum richtigen Therapeuten.«

Der verlorene Sohn – Eltern von Drogenabhängigen

»Unser Sohn Michael ist seit dem 28. Dezember verschwunden. Er befindet sich wohl irgendwo in Frankreich. Wir haben es ja lange geleugnet wie offensichtlich viele Eltern – bis dann die Polizei vor der Tür stand. Man hatte Haschisch in seinem Auto gefunden, auch Ecstasy-Tabletten. Wir waren in der Drogenberatung, aber er will nicht aufhören. Alles hat er probiert bis auf Heroin, vor allem Cannabis in riesigen Mengen. Bis Ostern ging es sogar einigermaßen gut mit ihm in der Schule. Die Lehrer haben es wohl auch nicht geschnallt. Das Gymnasium hatte er ja schon vorher geschmissen. Jetzt war die FOS (Fachoberschule – d.Verf.) dran. Er blieb das zweite Mal sitzen. Er wollte doch so gerne Tiermedizin studieren ... Eine Zeit lang hat er dann bei meinem Mann im Büro gearbeitet, bis wir merkten, dass immer wieder Geldbeträge fehlten. Über das Internet hat mein Mann dann eine Therapiemöglichkeit herausgefunden auf einem Bauernhof in Österreich. Dort war unser Sohn in einer Landwirtschaftslehre. 40 Kühe, viel Arbeit. Dann nahm er in den Ferien an einem Snowboardlehrgang teil. Dort muss es wieder angefangen haben. Der Lehrherr hat ihn noch einmal verwarnt, dann war es aus ...

Michael ließ sich sein Restgeld auszahlen. Plötzlich tauchte er – genau am Weihnachtstag – bei uns auf. Wir waren gerade in den Vorbereitungen mit unseren beiden anderen Kindern, Mädchen mit 17 und 8. Die waren natürlich völlig fertig, als er so fordernd vor der Tür stand: »Wo sind denn meine Weihnachtsgeschenke? Der Bauer hat mir übrigens gekündigt.«

Ich war ziemlich sprachlos. Wurde der Sohn verwöhnt? Und: Es sei ungewöhnlich, dass er als normalerweise konservativer und braver Ältester solche Dinge macht. »Ja, er ist genau genommen nicht der Älteste, sondern der Zweite. Unser erster Sohn starb an einem Herzfehler. Deshalb waren wir natürlich sehr froh, als Michael kam und gesund war. So einen Zug zum Großartigen hat er tatsächlich schon immer. Als wenn alle und alles für *ihn* da sein müssten. Gegenleistungen dafür mag er nicht erbringen. Da bin ich immer schon im Konflikt mit meinem Mann. Der lässt ihm zu viel durchgehen. Michael ist inzwischen total verdreckt. Sie können es sich nicht vorstellen. Er hat speckige Rastalocken, löchrige Jeans, einen schmuddeligen Pullover.

Jede Nacht wache ich auf und muss an ihn denken. Darüber hat auch unser Geschäft gelitten. Wir haben eine Agentur. Natürlich ist es auch die allgemeine wirtschaftliche Lage – aber mit der Geschichte im Hintergrund kann man sich nicht konzentrieren, hat auch nicht die nötige optimistische Ausstrahlung für die Kunden.

Die Kleine liebt den Bruder, die Ältere lehnt ihn ab. Sie kommt mit sich aber auch nicht zurecht, lehnt sich selbst ab. Sie hat keinen Freund, findet sich hässlich, obwohl das nicht stimmt. Die Kleine ist selbst schon in Therapie, weil sie nach dem Abschied gesagt hat, sie würde jetzt gleich aus dem Fenster springen ...«

Wir besprechen einige Möglichkeiten, wie Frau H. mehr für sich tun kann. Wann der Sohn sich meldet und ob überhaupt, kann sie ja nicht beeinflussen. Immerhin hat sie das Gefühl, dass er noch am Leben ist.

Ambivalenz

Zum nächsten Termin kommen wie verabredet beide Eltern. Der Vater berichtet, der Sohn habe sich mit einem 40-Sekunden-Telefonat aus Amsterdam gemeldet. Er habe eine sehr harte Zeit hinter sich, ohne Geld ... Jetzt mache er eine einfache Arbeit und wohne bei irgendeinem Mädchen in einer WG. Mutter und Vater beurteilen die Lage sehr unterschiedlich, wie sich bald herausstellt. Der Vater spricht von »einer gewissen Stabilisierung. Er ist wenigstens nicht in die absolute Illegalität abgerutscht«. Seine Frau sieht das anders. Sie glaubt ihrem geliebten Sohn nichts mehr. »Vielleicht lebt er doch von Stehlen und Dealen! Aber momentan habe ich keine schlimmen Träume mehr. Schauen wir mal!«

Hasch macht lasch und dumm

Das ist eine Tatsache, die kluge Theoretiker, Politiker und Journalisten sich meistens nicht aneignen wollen. Dabei bräuchten sie nur bei den Betroffenen nachzufragen.

Ich hatte als Patienten einen hoch begabten Schüler, der kurz vor dem Abitur stand. »Ich habe alles versucht, sogar Heroin. Aber das, was am meisten auf die Birne geht, ist Haschisch. Mein Lieblingsfach ist Mathematik – und gerade da habe ich so versagt, dass ich insgesamt zwei Schuljahre verloren habe. Endlich habe ich es kapiert.« Nach einer mehrwöchigen Phase des »Auswaschens aus den Gehirnwindungen« kehrte der Patient wieder zu alter Leistungsfähigkeit zurück. Unter meiner Begleitung machte er ein passables Abitur, war inzwischen aber schon 21 Jahre alt.

Der Vater drückt sich

Bei den Co-Süchtigen ist es genau wie bei den Süchtigen: Wenn sie merken, dass ich nicht mit mir handeln lasse, sondern die Dinge KLAR anspreche, vermeiden sie den Kontakt. Michaels Vater hatte schon in der nächsten Stunde »berufliche Gründe«, nicht mitzukommen, für Frau H. eine Gelegenheit, mehr über sich zu sprechen: »Meine Kräfte sind völlig am Ende. Ich habe ein unendliches Nachholbedürfnis nach 20 Jahren Kinderzeit ohne Hilfe. Jetzt soll auch noch meine Gebärmutter raus, ein wahrlich symbolischer Abschied. Und meine Töchter machen mich fertig. Von denen geht so viel negative Energie aus. Die Kleine folgt nicht, rebelliert ständig. (Sie vertritt damit in der Geschwisterreihe von Suchtfamilien die Rebellion des Bruders, der ja nicht anwesend ist. D.Verf.) Immer wieder weint sie, dass der Bruder nicht da ist. – Natürlich mache ich mir selbst Vorwürfe: Was habe ich falsch gemacht? Habe ich zu viel verlangt? Oder habe ich nicht die richtigen Grenzen gesetzt?«

Die »Kleine« ist zwar erst acht Jahre alt ist, aber vom Verhalten her bereits in der Pubertät. Sie spürt auch, dass die Eltern »auf allen Ebenen« Probleme miteinander haben. Die große Schwester hat sich sowieso ganz zurückgezogen. – Wer weiß, was die ausbrütet?

Spaltung

Beim nächsten Termin ist der Vater von Michael wieder dabei. Zunächst erzählt die Mutter: »Am Dienstag sollte ich wegen meiner Uterusoperation in die Klinik. Michael muss es irgendwie gespürt haben. Jedenfalls stand er morgens um vier plötzlich im Schlafzimmer: ›Hallo, wie geht's?‹ Unnachahmlich. Am Sonntag hatte die Kleine Geburtstag. Vielleicht kriegt er wieder 'nen Familienschub!? Ich will nicht, dass er einfach so wieder bei uns wohnt!«

Ihr Mann widerspricht: »Ich habe lange Gespräche mit ihm geführt. Er ist nicht mehr auf dem gleichen Drogenlevel wie vorher. Außerdem tut er was ...« »Aber wenig, sehr wenig! Du weißt ganz genau, dass er ausdrücklich weiter Stoff nehmen will. Außerdem braucht er ja unbedingt ein Auto, weil der Weg zur Arbeit so weit und so teuer ist. Warum grinst du eigentlich so?«»Weil ich das ganz anders sehe. Die paar Tage wollte ich sein Dasein akzeptieren.«

Ich wage einzuwerfen:»Wie steht es denn mit Geld? So ein Auto ist ja nicht billig im Unterhalt.« Der Vater:»Ich habe ihm Geld gegeben für die ASU und den TÜV. Gleich am ersten Abend ist er ja von der Polizei aufgehalten worden.«

Die Mutter:»Du solltest wissen, dass ich kaum eine Veränderung sehe. Ich wollte gar nicht mehr heim aus der Klinik. Ich war einem kompletten Nervenzusammenbruch nahe. Dass du das nicht merkst ...«

»Ihrem Sohn scheint die Spaltung komplett gelungen?!«»Ja, das kann man sagen!«»Sie, Herr H., scheinen in der Beschützer- und Erklärungsphase, und Sie in der Anklagephase, wo mit Dealen und Mauscheln gar nichts mehr geht.«

»Und außerdem möchte ich darauf hinweisen, dass das den anderen Kindern nicht zuzumuten ist. Die sind inzwischen selbst so gestört. Wenn die unsere Spaltung in der Erziehung bemerken, laufen die uns auch bald aus dem Ruder.«

Michael wurde mit seinem »Hippie-Auto« an der Grenze gestoppt. Wieder fand man Drogen. Die Eltern stehen zu Hause kurz vor der Trennung. Die Mutter fühlt sich im Stich gelassen nach ihrer schweren Operation. Am liebsten würde sie sofort mit der Kleinen das Haus verlassen. Der Vater beharrt auf seinem Standpunkt:»Ich will meinem Sohn nicht die Tür weisen.« Das Mobile droht endgültig zu zerbrechen. Alle sind krank, alle rotieren. Bloß der Süchtige tut, als wenn nichts wäre ...

Die Abläufe sind immer gleich – Sucht und Co im Film

Im bereits erwähnten Billy Wilder-Film *Das verlorene Wochenende* diskutieren die beiden Co-Abhängigen, hier Bruder und Freundin, über den Süchtigen, während es der sich in einer Bar gut gehen lässt und lallend Shakespeare zitiert.

Die Freundin Helen: »Vielleicht ist er in Nats Bar oder in einem komischen Lokal in Greenwich Village.«

Der Bruder: »Das interessiert mich nicht, wo er ist!«

»Du willst doch nicht ohne ihn ... (ins Wochenende fahren – d.Verf.)?!«

»Verlass dich drauf!«

»Du *kannst* ihn nicht vier Tage allein lassen. Das ist unmöglich!«

»Tut mir Leid, Helen!«

»Nimm doch Vernunft an! Ihm kann sonst was passieren, wenn du nicht da bist. Ich muss im Büro bleiben, das weißt du doch. Ich habe Sonnabend Dienst und den ganzen Sonntag. (Arbeitssucht?!) Ich kann mich nicht um ihn kümmern! In dem Zustand läuft er vielleicht in ein Auto oder wird verhaftet. Wer weiß, was ihm passiert? Vielleicht schläft er mit einer Zigarette im Mund ein, ein Feuer bricht aus ...«

»Wenn etwas passieren *soll*, dann passiert es eben und wir können es nicht ändern! Ich mache das jetzt seit sechs Jahren mit und ich hab die Nase voll davon!«

»Das glaub ich dir nicht. Das meinst du nicht ernst!«

»Doch, das tue ich. Ich habe noch nie in meinem Leben etwas so ernst gemeint.«

»Aber was soll denn um Himmels willen ...?«

»Hör endlich auf, dir etwas vorzumachen! Wir haben alles versucht, das musst du zugeben. Wir haben ihm ins Gewissen geredet. Wir haben nachgegeben. Wir haben ihn nicht aus den Augen gelassen. Wir haben auf sein Wort vertraut. Wie oft hast du geweint? Wie oft haben wir Angst gehabt, ihm wäre was passiert? Immer wieder sammeln wir ihn aus der Gosse auf und versuchen wenigstens ein bisschen Selbstachtung in ihn hineinzupumpen. Aber er kippt wieder um. Es ist jedes Mal dasselbe: Er kippt wieder um.«

»Er kann nichts dafür! Es ist genau dasselbe, als ob er was an der Lunge oder dem Herzen hätte. Dann würdest du ihn bestimmt nicht im Stich lassen. Er *braucht* jetzt unsere Hilfe!«

»Er braucht sie, aber er *will* sie nicht. Im Gegenteil: Wir stören ihn nur. Er will allein gelassen werden mit seinem Whisky, weiter nichts. Sonst ist ihm alles egal, was passiert. Nennen wir das Kind beim Namen, Helen, belügen wir uns nicht selbst: Don ist ein hoffnungsloser Alkoholiker!«

Also auch hier: Ein Co, Helen mit ziemlich hysterischem Unterton, in der Beschützer-, allenfalls in der Kontrollphase, der Bruder deutlich aggressiv und scharf in der Anklagephase. Die Art der Droge spielt keine Rolle. Man könnte hier, wie in dem wenige Jahre später gedrehten Film von Otto Preminger *Der Mann mit dem goldenen Arm* Heroin an die Stelle des Alkohols setzen. Die Hauptrolle wurde in diesem Fall wohl von einem Alkoholiker gespielt: Frank Sinatra. »Jack und Daniel waren seine besten Freunde«, hieß es in einer Rede zu seinem Tod in Anspielung auf seine spezielle Whiskymarke.

»Der verdammte Co-Symbionten-Wahn« — Ein Mann in der Co-Abhängigkeit

Das ist Herrn L.s Formulierung für sein eigenes Verhalten. Seit fast fünf Jahren weiß er ganz genau, dass seine Frau alkohol- und medikamentenabhängig ist. Er weiß auch, dass es eine normale Beziehung zwischen ihm und seiner Frau nie geben wird, da sie innerlich an ihren Vater in krankhafter Weise gebunden ist, was sich unter anderem in sexueller Verweigerung zeigt. Frau L. hat auch schon eine Therapie hinter sich, in der viel aufgedeckt, aber wenig bearbeitet wurde. Das Suchtproblem blieb jedenfalls unverändert.

Herr L. besucht brav seit Jahren eine Al-Anon-Gruppe (für Angehörige von Suchtkranken). Da musste er sich, obwohl diskutieren dort nicht üblich ist, herbe Dinge anhören. Er sei viel zu schlapp, um Entscheidendes zu unternehmen. Wenn er so weitermache, sei er noch in zehn Jahren unglücklich mit seiner Frau zusammen ...

So weit will es Herr L. natürlich nicht kommen lassen. Nachdem er mein Buch *Die Liebe und der Suff* ... gelesen hatte, suchte er mich auf. Durch eine frühere Therapie, durch die Selbsthilfegruppe und durch Lektüre brachte er schon viel Einsicht mit. Aber offensichtlich hatte er den Punkt verpasst, wo die Diskussion aufhören und das Handeln beginnen muss. Da er auch noch geschäftlich mit seiner Frau verbunden war, hatte er dort ihre Ausfälle teils aus Eigeninteresse kompensiert, Vertretungen organisiert, sich selbst in den Laden gestellt etc.

Ein wesentliches Hindernis bildeten auch die gemeinsamen Kinder, inzwischen 16 und 12 Jahre alt. Sie solidarisierten sich im Moment stark mit der Mutter, was Herrn L. natürlich schmerzte. Warum können die Kinder nicht sehen, wie krank die Mutter ist – und wie hilflos und wütend daher er?

Die Ohn-Macht des Nicht-Handelns

In der Beschreibung seiner eigenen langjährigen Therapie fällt mir bei Herrn L. auf, dass er ständig in einer Weise formuliert, die wir als »Festschreibungen« bezeichnen. Er *sei* eben soundso, er könne sich nicht wehren, er sei manipuliert worden (von seiner Mutter und seinem Vater), er habe eine fast inzestuöse Bindung an seine Mutter, er sei in seinen Gefühlen blockiert, nein, sogar »einzementiert«. Er folge im Übrigen genau dem Muster des Vaters, der – angeblich – wegen ihm, dem Sohn, die Mutter nicht verlassen konnte ... Der Vater war gleichzeitig nicht für ihn da, schützte ihn auch nicht vor den Übergriffen der Mutter.

Herr L. brachte also selbst eine Menge Probleme mit in die Ehe. Hier trafen zwei Familiengeschichten aufeinander, die einen schwierigen Verlauf voraussahnen ließen. Die Schwiegereltern wurden als geradezu »verrückt« geschildert, im Alter in ihren Persönlichkeitsmerkmalen karikaturhaft zugespitzt.

Was Herr L. offenbar verpasst hatte und wozu er auch in seiner früheren Therapie wenig Anregung erhielt: nach Lösungen zu schauen und die Energien von den Problemen weg und hin zu den positiven Alternativen zu lenken. So bewegte er sich in einem Kreis von Selbstmitleid und Wut. Er gönnte sich sozusagen Abwesenheiten von der Familie, ein eigenes Appartement, auch Affären mit anderen Frauen. Wenn es dann ernst wurde, zog er sich wieder zurück. Zumindest in einem Fall gibt es da eine ernsthafte Trauer: »*Der* Zug ist leider abgefahren. Die wollte mich wirklich. Mit der wäre ich glücklich geworden.«

Herr L. lebt jetzt »Gewohnheit statt Liebe«. »Ich bin geistig wie gelähmt. Beruflich funktioniere ich hervorragend, privat bin ich eine ›Flasche‹. Auch noch dieses Wort! Wo wir schon dabei sind: Richtig ohne Macht, ohn-mächtig fühle ich mich, die Ohn-Macht des Nicht-Handelns.«

Die Familienaufstellung

Für Herrn L. bringt die Aufstellung seiner Familie mit Hilfe von Playmobil-Figuren interessante Aufschlüsse. Im Prinzip ist es ganz einfach: Man nimmt die Figuren und stellt sie auf einem Tisch so hin, wie das innere Gefühl es bestimmt. Dann zeigen sich überraschende Konstellationen, die zumindest in dieser Deutlichkeit nie erwartet wurden.

Herr L. platziert zunächst, wie kann es anders sein, seine Frau und die beiden Kinder, dann sich selbst. Die Kinder stehen direkt vor der Mutter/Frau, so wie man es vielleicht mit sehr kleinen Kindern in einer Katastrophensituation erwarten könnte. Es besteht sogar Körperkontakt. Herr L. selbst steht rechts von der »Familie« etwas verloren und schaut teils auf seine Lieben, teils in die Ferne. Die Kinder blockieren die Beziehung völlig, dürften sich selbst aber auch schrecklich fühlen. Herr L. atmet erst wieder durch, als die Kinder ihren Platz neben den Eltern erhalten und die beiden Partner beieinander stehen, wenn auch nicht zu dicht.

Das Mobile funktioniert

Wenn wir in einem Familien-Mobile effektiv etwas verändern, und sei es nur eine Kleinigkeit, muss der Rest des Mobiles reagieren. Bei Herrn L. passiert etwas, was ich in vielen anderen Fällen beobachten konnte: Auch wenn der Partner angeblich nichts von der Therapie weiß, hört er plötzlich auf zu trinken, Drogen oder Medikamente zu nehmen. So auch hier: »Ich weiß nicht, was los ist. Seit Donnerstag trinkt meine Frau nicht mehr. Mittwoch hatte ich meinen ersten Termin hier. Sie könne es den Kindern nicht zumuten, durch die Wohnung zu torkeln ... Na ja, wenn sie das nur früher eingesehen hätte!«

»Ich wurde entschieden«

Man kann sich vorstellen, dass Herr L. es mit dem Handeln nicht so eilig hat. Immer wieder beklagt er sich. »Mein Leben dreht sich im Kreis. Ich habe weiche Knie. Meine Lebensqualität ist sogar viel schlechter, seit ich zu Ihnen komme.« (Vielleicht liegt in der Krise die Chance?!) »Ich denke sogar an Selbstmord. Um es Ihnen klar zu sagen: Seit Jahren habe ich eine ausreichende Dosis starker Medikamente zu Hause, um mich umzubringen.« Hier werde ich ernst und konfrontiere Herrn L. mit seinem Verhalten. Er sollte die Tabletten sofort wegwerfen und Selbstmordgedanken in der Therapie klar ansprechen.

»Vielleicht warte ich ja auf eine Entscheidung von außen. Früher wurde auch immer über mich entschieden. Man kann wirklich sagen: Ich *wurde* entschieden. Meine Mutter sagte mir, welche Freundin etwas für mich war, natürlich war keine richtig, auch nicht meine jetzige Frau. Mein Vater gab mir den Beruf vor ...« Er sieht die vielfachen Wiederholungen seiner eigenen Familiensituation in der Ehe: Der Vater hatte Angst, dass sich die Mutter umbringen würde, falls er sie verließe.

Die Geschichte von Herrn L. bleibt offen. Als Schritte zur Befreiung von seinen inneren Konflikten habe ich ihm dringend geraten, Briefe an seine Mutter, an den Vater und last, not least an seine Frau zu schreiben. Wie ein Süchtiger hat er die Briefe hinausgezögert, die er sich für einen längeren Urlaub vorgenommen hatte. Die nächste Therapiestunde wurde um eine Woche verschoben ...

> »Mögen tät ich schon wollen,
> aber dürfen hab ich mich nicht getraut.«
> *Karl Valentin*

Ein hoffnungsloser Fall? –
Töchter einer alkoholkranken Mutter

»Aussichtslos!« Julia P. bringt den »Fall« ihrer Mutter auf den Punkt. Endlich habe ich sie und ihre vier Jahre ältere Schwester dazu bewegen können, zu mir zu kommen. Das war auch der dringliche Wunsch der Mutter, die sich immer wieder darüber beklagt hatte, dass die Töchter sich »überhaupt nicht« für sie und ihre Krankheit interessieren würden. »Nicht mal Ihr Buch wollen die lesen! Dabei fängt Julia selbst schon an, viel zu viel Alkohol zu trinken. Und was mich besonders kränkt: Immer sehen die beiden nur *mein* Alkoholproblem. Dabei trinkt mein Mann, also ihr Vater (mit dem sie in Scheidung lebt, d. Verf.) mindestens genauso viel!«

Frau P. hat schon eine Menge an Therapie hinter sich. Vor über zehn Jahren hatte sie begonnen, immer mehr Alkohol in sich hineinzuschütten. Damals war sie auch erstmals in einer psychiatrischen Beratung gewesen, angeblich – nach ihrer Darstellung – nur »wegen Depressionen«. Ihr neuer Arbeitsplatz in der Firma ihres Mannes gefiel ihr nicht, obwohl sie gemeinsam viel Geld verdienten, teure Autos fuhren, die Rolex am Arm hatten und gesellschaftlich etwas darstellten. Ein nagendes Unzulänglichkeitsgefühl rumorte in Frau P., die in ihrer früheren Tätigkeit als Architektin mehr Bestätigung gefunden hatte. Erstmals fühlte sie sich unterlegen. Ihr Mann bekam Oberwasser. Irgendwann fing er dann ein Verhältnis mit seiner jungen Sekretärin an, kaufte sich einen Ferrari und war in seinem Höhenflug überhaupt nicht mehr zu bremsen. Frau P. trank immer mehr, schluckte ihre Wut runter. Unter Alkohol wurde sie bösartig, bediente sich eines Jargons, den man von ihr nicht kannte. Es passierte genau das, was man ihr schon prophezeit hatte: »Sie verlieren alles, wenn Sie nicht aufhören mit dem Stoff!«

»Wir haben unsere Mutter aufgegeben!«

So nimmt die ältere Tochter Brigitte Stellung. »Ich will und kann nicht mehr! Wir haben alles versucht. Jetzt ist Schluss! Im Übrigen habe ich das Gefühl: Sie haben überhaupt nichts erreicht! Unsere Mutter führt Sie doch an der Nase herum. Wenn Sie nur einen Funken Ahnung hätten ...« Hier unterbreche ich die junge Dame und setze ihr Grenzen, die sie zu Hause offenbar nicht mehr zu beachten braucht. Mit Unverschämtheit kommt sie bei mir nicht weiter. Dass ihre Mutter trotz oder gerade wegen ihrer guten Fassade ein schwieriger Fall ist, steht außer Zweifel. Aber wir sitzen hier, um vielleicht doch noch einen Weg zu finden. Der Termin bei mir ist nur teilweise wegen der Mutter, hauptsächlich aber wegen ihnen, den mehr oder minder erwachsenen Kindern einer Alkoholikerin, gedacht ... Es geht noch zwei- oder dreimal hin und her, bevor wir uns kurz vor dem völligen Abbruch der Kommunikation auf eine Gesprächsebene einigen können.

Schließlich, so gebe ich zu bedenken, sind die beiden Töchter selbst hoch gefährdet, zumal ja auch der Vater ... »Nein, das ist nicht wahr! Das erzählt unsere Mutter nur, um von sich abzulenken. Angeblich trinkt ja auch ihre Schwester zu viel. Also, das sind alles so Geschichten, die Sie nicht glauben dürfen!« »Nun, es gibt mir zu denken, wenn Ihr Vater von einer Polizeistreife zum Pusten gebeten wird und dabei über 1,6 Promille hat!?«

Wir kommen im Gespräch zurück auf die vorletzte Woche, als ich Not-Telefonanrufe von der jüngeren Tochter Julia erhielt: Ob ich wüsste, dass die Mutter rückfällig sei?! Sie würde sich einschließen. Wenn man sie erneut nach Haar (psychiatrische Großklinik bei München) bringen wolle, würde sie sich umbringen. Die Mutter klänge so merkwürdig am Telefon ... Da in mir der Verdacht aufkam, die Patientin sei auf dem besten Weg ins Delir, riet ich dringend zu einem Hausbesuch durch den betreuenden In-

Der Sohn eines Alkoholikers im Selbstportrait

> »In den Augen liegt das Herz.«
> *Franz von Kobell*

ternisten vor Ort, eventuell doch mit einer Einweisung in die Psychiatrie, denn es könne hier um Leben und Tod gehen.

»Ein Horrortrip!«

Was ich zehn Tage später hörte, war erschütternd. »So etwas habe ich noch nicht erlebt! Ich hatte zum ersten Mal Angst zu sterben. Bis Mittwoch hatte ich Stoff, dann kam ich langsam in den Entzug. Meine Töchter haben ja Gott sei Dank nichts gemerkt.« »Doch, sie haben sehr beunruhigt hier angerufen.« »Das habe ich gar nicht gewusst. Also ich geriet in Panik, muss wohl viel herumtelefoniert haben. Aber niemand (von den vielen Co-Abhängigen, die sich immer, oft geradezu übertrieben, um sie ›gekümmert‹ hatten, d.Verf.) wollte mir helfen. Ich hörte Stimmen, wusste auch manchmal nicht, wo ich war. Einmal ertönte Marschmusik wie zu einer Beerdigung. Dann fand ich den Lichtschalter nicht. Es war grauenhaft. Noch einmal überlebe ich das nicht!«

»Es hätte passieren können, dass diese Woche die Beerdigung der Mutter ...« »Dann wäre ich nicht hingegangen!«, fällt mir Julia fast sachlich ins Wort. »Unsere Mutter macht alle hilflos. Sie sollten auch wissen, dass sie alle möglichen Medikamente nimmt. Melatonin und Baldriparan und Corrodin. Das sei alles ganz harmlos. Und alkoholfreier Sekt schmeckt ihr besonders ...«

Ich gebe zu erkennen, dass ich einigermaßen erschüttert bin. So langsam kommen wir auf eine gemeinsame Zielorientierung. Die beiden Töchter werden gnadenlos von beiden (in Scheidung lebenden) Elternteilen in ihre Angelegenheiten hineingezogen. Dabei geht die Beziehung der Eltern sie im Prinzip gar nichts an. Großes Erstaunen. »Ja, das meine ich genau so, wie ich es sage. Sie sollten beiden Eltern mitteilen, dass sie nicht mehr über das

Thema Scheidung, die Finanzen, das Auto etc. reden. Das müssen die beiden unter sich ausmachen.«

Langsam löst sich die aggressive Spannung. Wir können in Ruhe einen weiteren Termin vereinbaren, zu dem die beiden Töchter auch erscheinen, nur leicht verspätet, weil sie ja unbedingt mit einem ihrer Superautos noch in die Innenstadt fahren mussten. Julia hat ihre Schulkarriere wieder in Angriff genommen, weil sie dieses Jahr Abitur machen will. Das war durch die Wirren im Elternhaus massiv gefährdet, wie bei vielen anderen Kindern von AlkoholikerInnen, denen »Schule ganz egal« wird. Dass sie damit nicht die Eltern, sondern sich selbst strafen, kommt gar nicht mehr ins Bewusstsein.

> Eine destruktive Familienatmosphäre wirkt sich auf vielen Gebieten aus. Manchmal passieren gehäuft Verkehrsunfälle – oder ein Sohn schießt wie an Allerheiligen 1999 in Bad Reichenhall auf unschuldige Passanten (unter anderem auf den Schauspieler Günter Lamprecht, der in dem Film »Rückfälle« so hervorragend einen letztlich hoffnungslosen Alkoholiker dargestellt hatte), die eigene Schwester und die Katze. Alle, die Medien eingeschlossen, rätseln dann, woher so etwas denn kommen könne? Geschiedene Eltern, der Vater arbeitslos, von der Bundeswehr entlassen, Waffen im Haus ... Man sollte einmal untersuchen, inwieweit die Neonazi-Szene von Kindern von AlkoholikerInnen durchsetzt ist. Auch Hitlers Vater war Alkoholiker.

Erstaunlicherweise war Frau P. zu einem erneuten Klinikaufenthalt zu bewegen. In der ersten Stunde danach meinte sie: »Das müsste jetzt wohl gereicht haben!« Hoffen wir es. Ihre Konzepte im Kopf sind noch immer unklar, obwohl sie ja inzwischen »alles weiß«. Aber mit den Begriffen »Kapitulation« – vor dem Alkohol, der stärker ist als sie – und dem des »Trauerprozesses« kann sie wenig anfangen. Offenbar will sie noch immer »feilschen«. Von »Depression und Annehmen« keine Spur.

»Hoffnungslose Fälle gibt es nicht!«

Das hatte ich in der *Suchtwoche* des ZDF vor vielen Jahren gesagt. (Leider gibt es dieses vorbildhafte Projekt nicht mehr, aus welchen Gründen auch immer.) Voraussagen zu treffen ist in der Tat schwierig. Manchmal sind Patienten, die man als Therapeut für sozial gut eingebunden, körperlich und psychisch noch relativ stabil gehalten hatte, wenige Monate später tot, manchmal überleben Menschen, auf die man nach üblichen Maßstäben nichts mehr gewettet hätte. »Das hätten Sie nicht gedacht, dass ich clean bleibe!?«, meinte einmal ein Drogenabhängiger beim ersten Besuch nach der Therapie in der Suchtfachklinik. Lachend musste ich ihm zustimmen. Seine Situation war so desolat gewesen, dass wir als Team ihm keine große Zukunft gegeben hatten.

Umgekehrt kann Frau P. zu jener Kategorie von Patientinnen gehören, vor denen mich mein damaliger Chef Professor Feuerlein immer gewarnt hatte: »Die schlechteste Prognose haben hübsche Privatpatientinnen!« Weil niemand sie »hart« anfassen will und konfrontieren, weil das Umfeld die »Schande« einer klaren Diagnose vermeidet und weil sie sozial weich gebettet sind.

Hilfen für Angehörige

Co-Abhängigkeit – verankert in unseren Institutionen

Unsere Gesellschaft neigt dazu, den Menschen, statt ihnen ihr Leben zuzumuten, zu viel Verantwortung *weg*zunehmen. Viele Bürger gehen davon aus: Der Staat, die Schule, das Gesundheitswesen – die werden schon machen. Damit werden die Menschen entmündigt, obwohl sie meinen, es geschähe ihnen etwas Gutes. Um nicht missverstanden zu werden: Auf keinen Fall wünsche ich Zustände wie in den USA, wo unter anderem der ehemalige Präsident Reagan das Niveau der sozialen Versorgung wieder ins 19. Jahrhundert zurückkatapultiert hat. Aber unser Verständnis von Fürsorge und Versorgung geht entschieden zu weit. Das macht die Menschen nicht nur nicht glücklich, sondern es führt bei vielen zur Unselbständigkeit. Wenn der eigene Gesundheitszustand, die Bildung und die Ausbildung von *außen* erwartet werden, schwächt das die eigenen Kräfte. Menschen erreichen meistens das, was sie wollen. Vor lauter Erwartung von außen wird der eigene Wille, werden die eigenen Energien nicht genügend entwickelt.

Die Co-Abhängigkeit ist in einer süchtigen und narzisstischen Gesellschaft eine zu erwartende Entwicklung. Die vielen HelferInnen repräsentieren das »Hilfe«-System, das angeblich den

Kranken sanieren kann. Dabei sorgen die Co's als Personen und Institutionen nur dafür, dass Sucht für den Kranken und für die privaten und sozialen Systeme, in denen er lebt, weiter ihre unheilvollen Einflüsse ausüben kann.

> In unserer süchtigen Gesellschaft vermeiden wir geradezu panisch Wörter, das heißt Werte wie <u>Disziplin, Autorität, Ordnung, Grenzen, Sorgfalt, Fleiß</u> etc. Dabei brauchen wir uns nur klarzumachen, wie zum Beispiel ein Orchester oder eine Rockband klingt <u>ohne</u> diese Qualitäten.

Das Gesundheitssystem

Das wird nun in diesem Buch notwendigerweise häufig angesprochen: Ärzte, Kliniken, Krankenkassen, Gesundheitsämter etc. sind nur allzu gern bereit, das lästige Tabuthema Sucht dem Kranken zu »ersparen« – und ihm/ihr damit ein längeres Leiden zu bescheren.

Warum fordern wir nichts von den Suchtkranken? Warum geht unsere krankhafte Fürsorge so weit, dass wir bestehende Regeln einfach überschreiten, um diesen Armen zu »helfen«? Ein Arbeitnehmer hat doch auch die Pflicht, seinen Gesundheitszustand für seinen Arbeitsplatz zu erhalten!? Mitleid ist scheinbar edel. In Wirklichkeit hat es viel mit Verachtung zu tun. Wen ich bemitleide, den halte ich meistens schlicht für unfähig, noch etwas für sich selbst zu tun. Ich habe ihn oder sie aufgegeben ... Dann versorge ich ihn eben noch für den Rest seines Lebens (welcher Qualität?) mit Stoff. Dann gibt er auch Ruhe und stört nicht. Einige können sogar daran verdienen.

»Mitleid kann tödlich sein!«

Dieser viel zitierte Spruch von Süchtigen, die ihre Krankheit zum Stillstand gebracht und angenommen haben, enthält viel Wahrheit. Bis sich das aber allgemein herumgesprochen hat, wird noch einige Zeit vergehen.

Hilfe müsste man auf jeden Fall von der Kooperation des Kranken abhängig machen. Wenn er/sie nicht bereit ist, einen Schritt nach vorne zu machen, können wir eben auch nicht ...

Das komplementäre System des Gesundheitssystems sorgt dafür, dass der versorgte Kranke auch zum versorgten Sozialhilfeempfänger werden kann. Würden Sie sich als solcher wohl fühlen? Oder wären Sie bereit, alles zu tun, um wieder ein menschenwürdiges Leben ohne die Scham zu führen, von der Arbeit anderer zu leben? Diese Fragen werden häufig nach einigem Zögern bejaht.

> »Wieso ›verdient‹ mein Sohn Sozialhilfe?«
> *Die Mutter eines Drogenabhängigen*

Der TÜV

Bei Seminaren in dieser Institution habe ich wiederholt unter großem Beifall zum Ausdruck gebracht, dass wir im Interesse aller Verkehrsteilnehmer, die bereit sind, sich an Regeln zu halten, die Delinquenten konsequenter in ihre Schranken verweisen müssen. Die Gutachter beim TÜV, die im Zusammenhang mit dem in Bayern so genannten Depperl-Test (korrekt: MPU = Medizinisch-psychologische Untersuchung) tätig sind, sehen sich immer wieder Menschen gegenüber, die aller Wahrscheinlichkeit nach erneut andere gefährden werden. Trotzdem gibt es oft nicht genügend Mittel, hier zu unser aller Schutz einzugreifen. Eine frühere Nachbarin – »erwischt« nach einem Unfall mit über 2 Promille Alkohol im Blut – entschloss sich nach diversen vergeblichen Versuchen in München (wofür natürlich nur die Leute beim TÜV verantwortlich waren, nicht sie selbst ...), es in einem anderen, weit entfernten Bundesland z. versuchen, wo die Maßstäbe weniger streng sind ...

Und zur Not gibt es ja noch den Rechtsanwalt XY, der sich nicht zu schade ist, für seine kräftig zahlenden Mandanten abenteuerliche Gutachter und Gutachten heranzuziehen ...

Die Gerichte

Die Gerichte müssen sich Ähnliches wie die Psychologen und Ärzte beim TÜV anhören. Es sei ja alles eine Verkettung unglücklicher Umstände gewesen. Sonst sei man ja immer so brav ... Meine Ehefrau hat mich so gereizt ... Ich war so verzweifelt ... Mein Chef hatte mich gerade rausgeschmissen ... Den Opfern nützen diese Jammerarien jedenfalls nichts mehr.

In einem interessanten Fernsehbericht wurde die Urteilspraxis in Deutschland der von England gegenübergestellt: Während der Täter in Deutschland, der mit hoher Geschwindigkeit in betrunkenem Zustand eine Studentin in ihrem Kleinwagen zu Tode gequetscht hatte, im feinen Anzug auf Bewährung frei draußen herumläuft, grüßte der Engländer mit einem vergleichbaren Vergehen aus dem Gefängnis. Inzwischen deutet sich aber auch in Deutschland an, dass ein Rausch nicht mehr als strafmildernd gelten kann. Sollen Menschen für ihren Rausch auch noch belohnt werden?

Am Endergebnis ist die Tat zu messen. Wer sich wie in unserem Beispiel besoffen noch ans Steuer setzt, ist in jedem Fall ein potenzieller Mörder.

Die GutachterInnen

Für mich unbegreiflich ist die Tatsache, dass Gerichtsgutachter oft die Sucht oder die Süchte des Angeklagten nicht ausreichend berücksichtigen. Vieles, was sonst absolut unbegreiflich bleibt an wirrer und brutaler Handlung, findet durch die akute oder chronische Vergiftung des Täters eine simple Erklärung. Da stürzt man sich lieber auf die (in der Tat oft) unglückliche Kindheit, statt den destruktiven Einfluss eines oder mehrerer Suchtmittel deutlicher hervorzuheben. Alkohol kann aus Menschen Monster machen. Sie werden sich nicht in Menschen zurückverwandeln können, bevor ihre Sucht nicht zum Stillstand gebracht ist.

Ob Sucht den Gutachter »nicht interessiert«, wie ich mir einige Male erstaunt anhören musste, ist egal. Die *Sache* erfordert es, darauf zu achten. Die meisten schrecklichen Taten wären ohne die lähmende Wirkung vor allem des Alkohols auf Instanzen wie das Gewissen gar nicht möglich.

Massenmedien

In den Zeitungen und im Fernsehen sind Berichte aus dem Gerichtssaal beliebt. Da kann man den Mord noch einmal detailliert schildern zum Nervenkitzel der Konsumenten. Dann geht es um die nicht uneitlen Gutachter und die Täter, meistens Männer. Wenn es sich um einen bekannten Schauspieler handelt, lädt man ihn gern mit seinem von der Sucht gezeichneten Gesicht in tausend Talkshows ein, lässt ihn lächelnd berichten, dass jetzt alles ganz anders wird – ja, bis er dann nach der x-ten »letzten Chance« doch hinter Gittern landet. Seit Harald Juhnke nüchtern ist (hoffen wir's), müssen neue Darsteller in den Medien her, die stellvertretend für den ganz normalen Männer-Suff in Deutschland als Identifikations- und gleichzeitig als Abschreckungsfigur dienen.

Am Beispiel vieler Politiker kann man sehen, wie hier alle Hühneraugen zugedrückt werden, damit nur keiner etwas erfährt ... Die Komplizenschaft von Politik und Massenmedien beruht wohl auch darauf, dass in beiden Bereichen das Schmiermittel Alkohol als Stresslöser und als Aufputschmittel äußerst beliebt ist.

Schulen und die Schule der Nation

Was Eltern an Erziehung nicht fertig bringen, weil sie sich nicht mehr trauen, auch einmal Nein zu sagen, sollen die Lehrer und die Schulen reparieren. Wenn dann das Ministerium verordnet, dass es »an unseren Schulen keine Gewalt und keine Drogen« gibt, wird es schwierig. Die LeiterInnen von Schulen sind nicht nur durch Qualifikation, sondern nicht selten auch durch das richtige Parteibuch und eine gewisse Stromlinienförmigkeit an ihre Posten gelangt. Also tun sie so, als sei alles in Ordnung. Es müssen erst so spektakuläre Dinge passieren wie in den letzten Monaten, wo Amokläufe, die Ermordung einer Lehrerin und knapp vereitelte Anschläge darauf deuten, dass mit der Erziehung unserer Jugend irgendetwas schief läuft ...

Die Bundeswehr (die »Schule der Nation«?) ist für viele männliche Alkoholiker ein wichtiger Meilenstein in ihrer Suchtkarriere. Da wird nicht nur das Kämpfen, sondern allzu oft auch das Kampftrinken geübt und gelernt. Eine Karikatur in einem Magazin zeigte vor Jahren eine Denkmalsenthüllung auf dem Kaser-

Kampftrinken – Trinkfestigkeit erhöht bei Männern das Sozialprestige

nenhof. Zum Vorschein kam ein Soldat in Uniform mit erhobener Bierflasche. Der Kommentar des Kommandeurs: »Vielleicht hätte man bei der Wahl des Objektes vorsichtiger sein sollen!«

»Die Sucht macht aus Menschen Monster«
oder: Wie Süchtige ihre Co's ausbeuten

Angehörigen, PartnerInnen, Kindern, Freunden und ArbeitskollegInnen von Suchtkranken ist es im Allgemeinen nicht erlaubt, das wirkliche Ausmaß der Auswirkungen einer Sucht zu benennen. Melody Beattie drückt das in ihrem Buch *Die Sucht, gebraucht zu werden* so aus: »Mit einem Alkoholiker zu leben ist so ähnlich wie mit einem Dinosaurier im Wohnzimmer.« Gesellschaftlich ist es verpönt, diesen armen Menschen, die ja »nur krank« sind, drastisch und deutlich zu sagen, was sie konkret anrichten. Während Suchtkranke ihre Umgebung und die Gesellschaft – etwa über die Krankenversicherung oder Rententräger – auf manchmal unglaubliche Art schädigen und damit Aggression in hohem Maße ausüben, ist Gegenaggression in Form von Grenzen und Konsequenzen angeblich nicht statthaft. Dabei können nur Ahnungslose oder HelferInnen im Frühstadium ihrer Karriere diesen Standpunkt vertreten.

Wenn man wenigstens den Süchtigen mit diesen (oft verdeckten) Formen der Co-Abhängigkeit helfen würde ... Aber das Gegenteil ist der Fall: Mit Schützen und Erklären, mit Kontrollieren und schließlich doch mit Anklagen ist niemandem gedient. Das verlängert nur die Leiden für alle Beteiligten.

Das Zitat, mit dem dieses Kapitel überschrieben ist, stammt von einer Partnerin eines Alkoholikers, die rückblickend ihre eigene »Blödheit« beklagte. Wie lange hatte sie nicht gewagt, ihrem eigenen Herzen Luft zu machen! Ihr war, als wäre sie an ihrem heruntergeschluckten Ärger fast erstickt. Gerade im Kontrast konnte sie nun sehen, dass wir immer zwischen dem Menschen, das heißt seiner Grundpersönlichkeit *vor* der Auswirkung der Suchtmittel, und seiner Krankheit unterscheiden sollten.

Zwei Beispiele zum Thema Aggression

Es geht hier nicht um die grauenhaften direkten Aggressionen, wie sie täglich von Suchtkranken vor allem im Rausch verübt werden, oder die verbalen Attacken, die manchmal schlimmer sind als die körperlichen. Es geht vielmehr um das Konsumverhalten, die Unersättlichkeit in der Sucht, die alle bemühten Helfer zum Wahnsinn treiben kann. Aber wehe, man sagt das ...

Es gibt eine schöne Übung für Ärzte, ein Rollenspiel, wo der Helfer zunächst sagt, was er wahrscheinlich in dieser Situation sagen würde – und dann, was er in Wirklichkeit *gedacht* hat. Man kann sich vorstellen, dass die Unterschiede recht krass ausfallen können. Es wird viel gelacht – auch eine mögliche Form von Aggression. Schließlich zeigt man die Zähne.

Die Ausbeutung unseres Sozialsystems

Die Patientin war von einem Kollegen, dem Chefarzt einer Klinik, überwiesen worden. Er hatte sich sogar die Mühe gemacht, mich vorher zu informieren, dass sie kommen würde. Allerdings hatte er mich nicht »vorgewarnt«, sondern in die Irre laufen lassen, wie sich herausstellen sollte.

Auf dem Weg zum Büro kam ich im Hauseingang an einer Frau vorbei, die heftig an einer Zigarette zog. Eine innere Stimme sagte mir: Hoffentlich ist es nicht ...

Doch, sie war es, die erste Patientin. »Was hat Sie denn in die Klinik geführt?«, fragte ich. »Ja, da war ich schon das zehnte Mal.« In einem Redeschwall überfuhr sie mich mit ihrer Geschichte: »Wissen Sie, mein ganzes Leben ist eine Katastrophe. Ich bin von meinem Vater sexuell missbraucht worden. Das setzte sich in meiner Ehe fort. Irgendwie gerate ich immer wieder an süchtige Partner. Dabei weiß ich doch, dass mir das nicht gut tut ...« usw., usw.

Mit einem merkwürdig starren Blick, der offenbar meine Reaktionen steuern sollte, schilderte sie mir ihren Lebensweg. »Moment, wir können hier nicht in jedes Detail gehen. Ist Ihnen aufgefallen, was in Ihrer Geschichte überhaupt nicht vorkommt?« »Nein!« »Dann denken Sie mal nach!« »Nein, also ...« »Ich will Ihnen helfen: Der *Alkohol*!« »Ach so, ja.« »Und mir ist noch immer nicht klar, was Sie in die Klinik geführt hat – und was Sie von *mir* wollen!«»Ja, mit dem Alkohol, da habe ich dann 1993 eine Langzeittherapie in F. gemacht. In der Klinik bleibe ich immer trocken – und gleich danach geht es wieder los. Und im letzten Jahr ...«

»Was war *jetzt* los, im Oktober 1999?«»Da hatte ich so viel Stress. Aber zwischendurch, da war ich noch in der R.-Klinik zum Entgiften, weil die in S. kein Bett hatten ...«

»Also, vielleicht erzählen Sie mir kurz, *wann* das mit dem Alkohol angefangen hat – und wo Sie schon überall waren, um sich behandeln zu lassen!«»Richtig zu trinken begann ich 1992 nach meiner Scheidung.«»Und dann waren Sie schon 1993 in einer Langzeittherapie? Das passt nicht zusammen. Das widerspräche jeder Erfahrung. Bis zum Ausbruch einer Suchtkrankheit dauert es viele Jahre – und bis zur Erkenntnis, Diagnose und Vermittlung einer solchen Therapie noch mal einige ...«»Na ja, früher habe ich auch nicht wenig getrunken.«»Wo waren Sie denn überall?« »Diese Therapie habe ich nach einigen Wochen abgebrochen. Das war mir zu viel ... Eine zweite Therapie zwei Jahre später war nur *während* des Aufenthaltes erfolgreich. Dann ging es wieder los.«»Aber es hat Ihnen niemand die Flasche an den Hals gesetzt?«»Nein«, sie lacht.»Sie sprechen immer über die Sucht, als gehörte sie gar nicht zu Ihnen und als hätten Sie auch noch nicht viel begriffen, was die Mechanismen in Ihrem Inneren angeht.« »Doch, ich weiß alles, aber mit dem Umsetzen hapert es.«»Da wäre ich mal nicht so sicher. Eine richtige Theorie führt auch zu richtigem Handeln. Vielleicht wollen Sie gar nicht zu diesem Verein der Suchtkranken gehören!?«

Frau M. fährt in ihrem Bericht fort. Es kommen Entgiftungen hier und dort vor, ambulante Behandlungen etc. Das dürfte auch nicht ganz billig gewesen sein ...»Die Krankenkasse hat mal ausgerechnet, dass das allein mit den Suchttherapien mindestens 160 000 DM waren.« (Frau M. meint hier die Rentenversicherungsträger, also die Bundesversicherungsanstalt für Angestellte – BfA – oder die LVAs, die entsprechenden Landesversicherungsanstalten. Die Entgiftungen zahlen die Krankenkassen, die Entwöhnungen die BfA oder die LVA. Es gibt Berechnungen, nach denen sich zum Beispiel die reinen Entgiftungskosten in Deutschland auf etwa 1,4 Milliarden DM pro Jahr belaufen. Meistens geht es dabei um einige Tage Intensivstation und nicht nur um den einfachen Krankenhauspflegesatz.)

»Was kann ich denn für Sie tun? Es scheinen sich ja schon viele an Ihnen die Zähne ausgebissen zu haben?!« »Ja, beim XY hat mir mal eine Mitarbeiterin gesagt, ich solle doch verrecken.« »Das sind ja harte Töne!« Frau M. erzählt das alles völlig unbewegt. Ein Expartner habe ihr vor dem Gang ins Gefängnis angedroht, er werde sie nach der Entlassung suchen und umbringen. Sie wollte sich dann mit Hilfe des Weißen Rings (eine Organisation, die Verbrechensopfern hilft – d. Verf.) eine neue Existenz mit einer neuen Identität aufbauen. Das habe aber auch alles nicht geklappt...

Man könnte Frau M. fast bedauern, wäre da nicht ihr komplettes Ausblenden eigener Beteiligung. Alle anderen sind schuld – die schrecklichen Partner, der zu junge Psychologe in der Suchtberatung, die zu strenge Klinik, der Kostenträger, der sich schließlich weigerte, noch etwas für sie zu tun. Und da waren noch andere: der Leiter einer Beratungsstelle, ein erfahrener Mann, der für sie noch eine Therapie organisiert hatte. Nicht zuletzt die neue Krankenkasse, die ihren x-ten Antrag auf eine Langzeitentwöhnung unterstützen würde. Das gäbe es gar nicht, dass jemand keine Leistungen mehr erhalten könne...

»Was wollen Sie denn erneut in einer Klinik? Wenn ich Sie richtig verstanden habe, werden Sie doch nach dem Aufenthalt immer wieder rückfällig.« »Ja, das stimmt.« Ich empfahl ihr deshalb eine Therapie in einer ambulanten Einrichtung mit mehreren Terminen Gruppen- und Einzeltherapie pro Woche.

Kurz vor Abschluss des Gesprächs schaute ich noch einmal auf ihre schriftlichen Angaben bezüglich Adresse, Telefon etc. »Was heißt hier: ›Bei Marco‹?« »Das ist mein Freund.« »Wieder ein Alkoholiker?« »Ja.« »Und da wollen Sie trocken bleiben??« »Na ja, was soll ich machen bei 1 400 DM Rente.« »Ach, die haben Sie auch?« »Ja, seit drei Jahren.« »Und vom 42. Lebensjahr an wollten Sie nicht mehr arbeiten?!« »Damals war ich ja in einem fürchterlichen Zustand.«

Im Hinausgehen erkundigte ich mich noch nach ihren Rauchgewohnheiten. »Ja, das ist schlimm. Mindestens 60 Zigaretten pro Tag, manchmal 80.« »Das kostet ja auch eine Menge: viermal fünf DM pro Tag. Das sind 20-mal 30 gleich mindestens 600 DM im Monat ...«

Filmreif die Situation in meinem Wartebereich: Es riecht penetrant nach Alkohol. Ein großer, rotgesichtiger Mann wartet auf Frau M., erhebt sich etwas zögernd. Marco.

Die Ausbeutung menschlicher Hilfe

Wie es der Zufall, falls es den gibt, will, habe ich einen Tag später meine erste Supervision auf einer Intensivstation. Nachdem ich mich vorgestellt habe, beginnt eine junge Krankenschwester den Fall zu schildern, der sie nicht loslässt. Es geht um einen Man von 52 Jahren, der nach einer Herzkranzgefäßoperation in tiefste Bewusstlosigkeit gefallen und nun zur Weiterbehandlung an das Krankenhaus überwiesen worden war. Was sie störte, war zunächst das Verhalten des Patienten. Es gebe widersprüchliche Informationen. Da er nicht sprechen könne, müsse er durch einfaches Kopfnicken oder -schütteln Signale geben. Das klappe aber nicht ... Es sei auch nur schwer zu ertragen, wenn er sich lagern und verbinden ließe, um dann nur eine Minute später anzudeuten, dass er dringend auf den Topf müsse. Also das Ganze von vorne ...

Neugierig auf die Vorgeschichte, die dem anwesenden Pflegepersonal natürlich bestens bekannt ist, lasse ich mir darüber kurz etwas erzählen. Es handle sich um einen Raucher und Alkoholiker, der in einem niedrigen sozialen Milieu gelebt habe. Seine Frau sei völlig uneinsichtig. Sie hätte schon vorgeschlagen, man solle ihm doch etwas Bier einflößen. Das täte ihm gut ... Sobald er wieder herauskäme, würde er wahrscheinlich rückfällig. Das Ende der Geschichte sei dann natürlich absehbar. Der einzig Vernünftige in der Familie sei der 26-jährige Sohn, der recht traurig wirke.

Es ist hier nicht der Raum, die eineinhalb Stunden dauernde Diskussion wiederzugeben. Die Gefühle der Helferinnen gehen von Trauer über Wut und Resignation bis hin zu körperlichen Reaktionen wie Ermüdung und Langeweile. Leider sei Herr M. kein Einzelfall. Er habe ja nur die Frau K. abgelöst, ebenfalls eine Alkoholikerin. Die habe man über insgesamt elf Monate durch alle Stadien des Aufwachens und der Reaktivierung begleitet. Jetzt trinke sie wieder ...

Die Ärzte sähen das so: Man könne sich um die Fortführung der Behandlung draußen nicht kümmern. Das sei nicht mehr ihre Aufgabe – auch wenn in der Tat die mühsam über 330 Tage erarbeiteten Fortschritte schnell wieder zerstört seien ...

Von den Kosten einmal abgesehen: Da arbeitet also ein Team von kompetenten Krankenschwestern über Monate Tag und Nacht auf der Intensivstation, nur damit der Gerettete innerhalb kurzer Zeit seine Restchance auf ein gesundes Leben wieder verspielt.

Hippokrates sagte: »Die Menschen werden krank, weil sie aus Torheit alles tun, um nicht gesund zu bleiben.« Wie wird es dem Sohn gehen, wenn er eines Tages sagen muss, der Vater habe sich zu Tode getrunken?

Siamesische Zwillinge: eine besondere Form
der Abhängigkeit und Co-Abhängigkeit

Der Begriff »Siamesische Zwillinge« stammt von einem Zwillingspaar aus Siam, das von 1811 bis immerhin 1874 lebte, bevor beide innerhalb weniger Stunden starben. Die Ursache für eine derartige Missbildung ist eine zu späte Trennung von Gewebszellen im Uterus, so dass die Unglücklichen an verschiedenen Körperteilen, am Kopf, am Becken, am Bauch, am Brustkorb etc. zusammenhängen. Heute kann man je nach Situation viele siamesische Zwillinge trennen. Auch die ursprünglichen Siam-Zwillinge hätte man mit heutigen Operationsmethoden separieren können. Sie waren ausgerechnet an der Leber zusammengewachsen. Diese Gewebsbrücke war für den einen besonders fatal, da sein Bruder Alkoholiker, er dagegen Abstinenzler war. Der Tod erfolgte durch eine fortgeschrittene Leberzirrhose. Durch die ineinander übergehenden Blutkreisläufe war der (co-abhängige) Bruder nicht zu retten.

Der Alkohol – Freund und Todfeind des Menschen

Jede Gesellschaft hat ihre Drogen, deren ritualisierter Genuss gemeinschafts*fördernd* ist. Davon zu unterscheiden sind der Missbrauch und die Abhängigkeit, die Persönlichkeits- und Gemeinschaftszerstörung bewirken. Durch eine Vervierfachung des Pro-Kopf-Konsums im Laufe der Nachkriegszeit seit 1945 von ca. 3,5 auf 12 und mehr Liter reinen Alkohols pro Jahr, vom Säugling bis zum Greis, und ein Einpendeln auf diesem hohen, weltrekordverdächtigen Niveau haben sich unsere gesellschaftlichen Folgekosten in finanzieller, vor allem aber menschlicher Hinsicht ebenso vervierfacht. Bis zu zehn Millionen Menschen betreiben in Deutschland einen für sie selbst und für andere schädlichen Alkoholkonsum. (Dazu kommen die Schäden durch andere Süchte.) Mehr als 40 000 Menschen sterben daran pro Jahr, mit einer erheblichen Dunkelziffer. Davor steht oft ein jahrelanges Siechtum durch Krebskrankheiten, Hochdruck und die unendlich vielen anderen Folgekrankheiten von Kopf bis Fuß, in jedem Organsystem. Es können natürlich auch suchtbedingte Unfälle geschehen oder Selbstmorde, die bei Süchtigen wesentlich häufiger sind als bei anderen Menschen.

> Wenn du für eine Stunde glücklich sein willst, betrinke dich!
> Willst du drei Tage glücklich sein, dann heirate!
> Wenn du aber für immer glücklich sein willst, werde Gärtner!
> *Altes chinesisches Sprichwort*

> Erst nimmt sich der Mann den Drink,
> dann nimmt sich der Drink den Drink.
> Dann nimmt sich der Drink den Mann.
> *Japanisches Sprichwort*

Das unendliche Leid neben all den Freuden, die hier keineswegs geleugnet werden sollen – und die ökonomischen Folgekosten in Deutschland von 30 bis 80 Milliarden Mark sind also keine Horrorvision von Gesundheitsaposteln, sondern Tatsachen.

Jürgen Neffe hat dies in seinem Beitrag »Gestatten, mein Name ist Alkohol. Ein Molekül erzählt von seiner Geschichte – und von seiner Wirkung auf den Menschen«, erschienen im *Süddeutsche Zeitung Magazin* vom 10. Juli 1992 (S. 11–17), auf den Punkt gebracht: »Wie aber sollen sich Regierungen gegen mich (den Alkohol) wenden, wenn sie so gut an mir verdienen? Da sich mehr als drei Viertel der Bevölkerung mich regelmäßig zu Gemüte führen, haben die von mir regierten Gehirne – etwa in Parlamenten – die absolute Mehrheit. Unter anderem daraus erklärt sich auch, warum ich um meine Existenz nie zu fürchten brauche ... Der alkoholisierte Teil der Welt hat sich auf Dauer als der stärkere erwiesen – stets versehen mit meinem Segen des Erlösers (der schließlich Wasser in Wein verwandelt, das Abendmahl eingeführt hat mit der Aussicht auf himmlische Gelage, d. Verf.). War ich frei und stark, dann waren es auch meine Völker. Wir hatten die ›überlegenen‹ Waffen, Werte, Weltanschauungen und Wissenschaftler ... (Sie hatten durch den Alkohol) jene permanente Ruhelosigkeit, die Fortschritt, Expansion und Wachstum erst die Wege ebnet – seien diese nun auf Dauer nutzbringend oder destruktiv.«

(Völkermord kann man nicht nur mit Zyklon B betreiben, mit Raketen oder Atombomben, sondern viel leichter mit dem schleichenden Gift Alkohol. Das »Feuerwasser« war Verhängnis für die Ureinwohner Amerikas, für die Eskimos, für die australischen Ureinwohner. Mit ihren eigenen an Rituale gebundenen Suchtmitteln kamen sie zurecht, mit dem fremden Lösungsmittel Alkohol nicht.)

»Gestatten, mein Name ist Alkohol«

Wie der Alkohol auf den Menschen wirkt, beschreibt Jürgen Neffe gleich zu Beginn seines witzigen und klugen Essays: »Leise schleich' ich durch die Kehlen in die Seelen, ins Gemüt, lasse lachen, grübeln, prügeln, dirigiere Mut und Wut. Heimlich herrsch' ich über Liebe, über Kriege, Glück und Haß, Menschen zwischen Wohl und Wehe, Körper zwischen Lust und Last. Ob ihr dichtet oder dämmert, ob ihr feiert oder weint, nach meinem Bild habt ihr die Welt erschaffen, ich bin der Geist, der euch ...

Außer als Nahrungsmittel, als Appetitanreger und Durstlöscher diene ich als Schlaf- und Betäubungsmittel, als Angstlöser und Mutmacher, ja als Medium für menschliches Miteinander schlechthin. Unter Ihnen, den Menschen, habe ich daher sehr viele Freunde und ungezählte Liebhaber. Deren Liebe kann so selbstlos sein, daß manche von Abhängigkeit reden, ja sogar davon, sie seien mir verfallen. Ein paar Feinde habe ich auch – die meisten waren meine besten Freunde, bevor sie von mir ließen. Und viele Abtrünnige kehren reumütig zurück in meine Arme. Das ist auch nicht sonderlich schwierig, gelte ich doch unter meinesgleichen als leicht erschwinglich und jederzeit verfügbar. Ich bin omnipräsent (überall vorhanden), fühle mich omnipotent (allmächtig), sehe alles, höre alles und mach' mir meinen Reim darauf ...«

»Das Feinste«?

In Selbsthilfegruppen wird eine Sammlung von Aussagen verbreitet, deren Urheber unbekannt ist:

Ich bin stärker als alle Armeen der Welt zusammen.
Ich habe mehr Menschen als alle Kriege der Nationen vernichtet.
Ich bin tödlicher als die Kugeln der stärksten Kanonen – und ich habe mehr Familien zugrunde gerichtet.
Ich stehle jedes Jahr Millionen und habe Achtung vor niemand.
Ich finde meine Opfer unter den Armen sowie den Reichen, den Jungen wie den Alten, den Starken und den Schwachen, den Gebildeten und den Ungeschulten.
Ich schaffe die wahre klassenlose Gesellschaft.
Witwen und Waisen kennen mich.
Ich verberge mich im Innersten und verrichte meine Arbeit leise.
Man warnt euch vor mir, aber ihr beachtet es nicht.
Ich bin ohne Rast und Ruh.
Überall kann man mir begegnen, im Heim, auf der Straße und am Arbeitsplatz.
Ich bringe Krankheit, Erniedrigung, Hoffnungslosigkeit und Tod.
Ich zerstöre, vernichte, gebe nichts und nehme alles.
Ich bin euer schlimmster Feind.

ICH BIN DER ALKOHOL.

»Abstinenz als kardiovaskulärer Risikofaktor?«

Unter dieser bemerkenswerten Überschrift veröffentlichte die seriöse medizinische *Zeitschrift MMW/Fortschritte der Medizin* im Heft 37/1999 einen scheinbar kritischen Bericht über ein Symposium und Pressegespräch (!) »Wein – Genuß – Gesundheit« im April 1999; Veranstalter waren das Deutsche Herzzentrum und die Deutsche Weinakademie! Das Ganze wurde von den ebenfalls gern trinkenden Journalisten begierig aufgegriffen. Endlich wieder mal eine Bestätigung, dass man sich eben nicht nur mit Bier »schön trinken«, reichlich für die eigene Gesundheit sorgen kann (»für eine reine Haut, schönes Haar, den gesamten Stoffwechsel, für Nerven, Immunsystem, Blutbildung und Sehvermögen«!), es »einen schönen Busen« macht (»Wie viel muss man da trinken?«, fragte einmal eine Seminarteilnehmerin), sondern dass man mit Wein Entsprechendes für die Gefäßgesundheit und gegen den Herzinfarkt unternehmen kann. Wie wunderbar!

Hat sich kein Teilnehmer des – von wem bezahlten? – Symposiums (klingt vornehm!) geschämt, solches Pseudowissen unter die Menschheit zu bringen? Hoffentlich ist sich jeder der trinkfreudigen KollegInnen bewusst, was in diesem Beitrag mit »moderat« gemeint war?! Die Auswirkungen des Alkohols auf die Volksgesundheit sind nun so gut belegt, dass selbst eine interessengesteuerte Statistik diese Tatsachen nicht aus der Welt räumen kann. »Ich glaube nur an die Statistik, die ich selbst gefälscht habe«, lautet ein altes Bonmot unter Wissenschaftlern. Wenn handfeste pekuniäre Interessen im Spiel sind – die Alkoholindustrie hat erhebliche Absatzschwierigkeiten (in die Deutschen geht nicht mehr hinein, in die Bayern immer weniger Bier!) –, drückt man gerne mal bei der Zusammenstellung von »Fakten« und ihrer Interpretation ein Äuglein zu.

Merkwürdig: In Schottland scheint die Physiologie des Menschen eine andere zu sein. »Alkohol schützt in Schottland nicht vor koronarer Herzerkrankung« lautet eine vergleichsweise (indirekt sicher auf die oben zitierte »Studie« anspielende) kurze Nachricht im *Deutschen Ärzteblatt*. Leider, traurig für die Weinindustrie, fand sich »keine Relation zum Alkoholkonsum«. (*Deutsches Ärzteblatt* 96, 47, vom 26. November 1999, S. A-3052)

> Alkohol ist ein hervorragendes Lösungsmittel – für Familien, Ehen, Freundschaften, Arbeitsverhältnisse, Bankkonten, Gehirn- und Leberzellen. Leider löst er keine Probleme.

Dass Alkohol, in Maßen getrunken, etwa in Verbindung mit einer fettarmen mediterranen Küche im Prinzip nichts Ungesundes ist, braucht man dem Normaltrinker nun wahrlich nicht nahe zu bringen. Der Vieltrinker liest dagegen begeistert, dass er seinen Rotwein jetzt nicht nur zum Vergnügen, sondern für die Prävention trinkt, seinen Schnaps »gegen die Grippe« usw.

Für meine Seminare habe ich ein Dia mit der Werbung »Famous physicians say: Drink more beer!« (Berühmte Ärzte sagen: Trinken Sie mehr Bier!).

Tacitus: »Tag und Nacht durchzuzechen ...«

Kapitel 22: Gleich nach dem Schlafe, den sie häufig bis in den lichten Tag hinein ausdehnen, waschen sie sich, öfters warm, da bei ihnen die meiste Zeit Winter ist. Nach dem Waschen speisen sie. Jeder (Mann) hat einen Sitz für sich und einen eigenen Tisch. Dann gehen sie in Waffen an ihre Geschäfte und nicht minder oft zu Gelagen.

Tag und Nacht durchzuzechen, ist für niemanden eine Schande. Streitigkeiten sind häufig (es handelt sich ja um Betrunkene); sie enden selten mit bloßen Schimpfreden, öfters mit Totschlag und Blutvergießen. Doch auch über die Aussöhnung mit Feinden, den Abschluß von Heiraten und die Wahl der Stammeshäupter, ja über Krieg und Frieden beraten sie sich vielfach bei Gelagen, als sei der Mensch zu keiner Zeit aufgeschlossener für unverstellte oder stärker entbrannt für erhabene Gedanken.

Dieses Volk, ohne Falsch und Trug, offenbart noch stets bei zwanglosem Anlaß die Geheimnisse des Herzens. So liegt denn aller Gesinnung unverhüllt und offen da. Am folgenden Tag verhandeln sie nochmals – und beide Zeiten erfüllen ihren Zweck: Sie beraten, wenn sie sich nicht zu verstellen wissen. Sie beschließen, wenn sie sich nicht irren können.

Kapitel 23: Als Getränk dient ein Saft aus Gerste oder Weizen, der durch Gärung eine gewisse Ähnlichkeit mit Wein erhält. (»Tacitus umschreibt das den Römern unbekannte Bier, das auch bei den Galliern und vielen anderen Völkern verbreitet war ...

> Eigenartigerweise übergeht Tacitus den mit Honig bereiteten Met, das wichtigste Rauschgetränk der Germanen.« Anmerkung, S. 81)
> Die Anwohner von Rhein und Donau kaufen auch Wein. Die Kost ist einfach: wildes Obst, frisches Wildbret oder geronnene Milch. Ohne feine Zubereitung, ohne Gewürze vertreiben sie den Hunger. Dem Durst gegenüber herrscht nicht dieselbe Mäßigung. Wollte man ihnen, ihrer Trunksucht nachgebend, verschaffen, soviel sie wollen, so könnte man sie leichter durch ihre Laster als mit Waffen besiegen.
>
> *(Aus: Tacitus:* Germania, *Reclam: Stuttgart 1972)*

Alkohol am Arbeitsplatz – Nasszellen und Feuchtbiotope

Die meisten meiner Patienten kommen in die Therapie, wenn ihr Arbeitsplatz bedroht ist. Erfolgreich sind also nicht die Drohungen der Ehefrau, sie wolle sich scheiden lassen, oder die Bitten der Kinder an den Suchtkranken, nun endlich aufzuhören, sondern in aller Regel die Konfrontation am Arbeitsplatz.

In einer großen Firma hatte mich der Suchtbeauftragte zu einer Serie von Seminaren für die Vorgesetzten aller Ebenen eingeladen. Er als Betroffener, das heißt seit langen Jahren trockener Alkoholiker, überraschte in seiner Einleitung zu meinem ersten Vortrag die Vollversammlung der verantwortlichen Mitarbeiter mit dem Hinweis »Da hinten sitzt Herr Dr. Schmidt. Er hat mir buchstäblich das Leben gerettet«. Der angesprochene Betriebsarzt war fast peinlich berührt, als sich alle zu ihm umdrehten. »Doch, ganz bestimmt. Hätten Sie nicht gesagt, dass ich meinen Arbeitsplatz verliere, wenn ich nicht aufhöre zu saufen: Ich hätte nicht nur meinen Arbeitsplatz nach 17 Jahren Zugehörigkeit zur Firma verloren, sondern ich wäre an den Folgen des Alkoholismus längst gestorben. Natürlich haben meine Frau und meine Kinder auch gemeckert und mich inständig gebeten, aber ich habe das Ganze nicht für so schlimm gehalten. Das bisschen Alkohol gehört schließlich in Bayern zur Lebensqualität ...«

In der Firma hatte sich in den letzten Jahren einiges getan. Informationsveranstaltungen hatte es gegeben, Material zum Thema wurde verteilt. Aber was war der entscheidende Schritt vor meinen Seminaren? In der Kantine gab es keinen Alkohol mehr! Erst wollte man nur die Schnäpse wegräumen, die ja zur Verdauung so notwendig sind ... Dann griff der Vizechef der Firma durch. Welches Motiv hatte er, sich den unvermeidlichen Zorn einiger Mitarbeiter zuzuziehen? »Ich will es Ihnen ganz deutlich sagen: Ich möchte nicht mehr, wie in meiner letzten Firma, auf Beerdigungen gehen und dort Reden halten, wo ich den Hintergrund und das Schicksal des Betroffenen nur allzugut kenne. Warum hat man da immer wieder jahrelang zugeschaut und nichts gemacht? Das ist unterlassene Hilfeleistung, um es nicht noch schärfer auszudrücken. Also handeln wir doch, wie Dr. Kolitzus als Preuße richtig sagt, nach dem alten Motto ›Dienst ist Dienst und Schnaps ist Schnaps‹. Wir haben auch hier im Haus wiederholt Fälle gehabt, bei denen wir viel früher hätten eingreifen müssen.«

Nicht, dass man allgemein begeistert gewesen wäre von der Initiative gegen den Alkohol. Im Hintergrund gab es viele abwertende Kommentare. Aber wenn die Firmenleitung es will, ist eben nichts zu machen ... Der Wille, gegen Alkohol am Arbeitsplatz etwas zu tun, muss von ganz oben kommen. Sonst kann es passieren, dass bestehende Regeln und Dienstvereinbarungen kaum beachtet werden, nicht einmal das Papier wert sind, auf dem sie geschrieben wurden. Es ist im Prinzip wie bei Gesetzen, hinter denen kein Durchsetzungswille steht – und bei denen keine Konsequenzen für die erfolgen, die gegen die Gesetze verstoßen.

Man kann hier eine Parallele aus dem Sport heranziehen: Im Fußball war es lange Zeit üblich, je nach Land etwas unterschiedlich, gute Stürmer und Dribbler durch ein paar gezielte Fouls einzuschüchtern. Den Übeltätern – »Ich heiße Finken und du wirst gleich hinken!«, soll einer gesagt haben – passierte nicht allzu viel. Heute sind die Regeln wesentlich strenger. Ein Platzverweis ist schnell ertreten – und plötzlich ist das Klima für bessere Spiele wieder vorhanden.

Betroffene wie Helmut Mühlbauer in seinem Buch *Kollege Alkohol* betonen, dass die Klimavergiftung durch den Alkoholiker ein ganz wesentlicher Bestandteil der Suchtkarriere im Betrieb ist. Abgesehen von einigen Hochs (natürlich unter Stoff) bei Betriebsfeiern oder Geburtstagen versteht es der Süchtige, die Atmosphäre durch seinen Negativismus massiv zu beeinträchtigen. Dieser ist meistens Auswirkung der Sucht, nicht der Grundpersönlichkeit des Alkoholikers. Wer, wie wahrscheinlich die Mehrheit der Erwachsenen in unserem Kulturkreis, die Auswirkungen eines Rausches am nächsten Morgen kennen gelernt hat, kann sich leicht eine Vorstellung von dem Leiden eines Menschen mit Alkoholproblemen machen, für den die nur scheinbar gut kompensierte Katerstimmung zur Normalität geworden ist.

Ein »feuchtfröhliches Klima« ist das Zerrbild wirklicher Fröhlichkeit. Natürlich lassen sich manche gehemmten und verklemmten KollegInnen gerne mal von dem chemisch ausgelösten, das heißt künstlichen Schwung und Charme eines unter Strom stehenden Kollegen mitreißen. Aber das hat mit echter Heiterkeit nichts zu tun. Ohne Alkohol, also nüchtern, sind die meisten Süchtigen eher schüchtern.

Der Sinn von Dienstvereinbarungen

Im Laufe der letzten drei Jahrzehnte sind viele Firmen und Behörden dazu übergegangen, ihre Haltung gegenüber Alkoholproblemen von MitarbeiterInnen in Dienstvereinbarungen festzulegen. An den folgenden Beispielen werden wir sehen, dass solche Papiere nicht viel wert sind, wenn »liberal«, das heißt unentschieden damit umgegangen wird. Vorgesetzte machen sich bei der trinkenden Belegschaft gerne damit beliebt, dass sie alles mit dem Mantel des Schweigens zudecken. Oder: »Was ich nicht weiß ...« beziehungsweise »Ich möchte es, bitte schön, nicht wissen!!«.

In der Regel braucht man drei bis fünf Jahre zäher Bemühungen, bis aus einem feuchtfröhlichen ein trockener Arbeitsplatz wird. Es reicht nicht, dass man mal einen Vortrag halten lässt: So wie ein Gespräch bekanntlich keinen Alkoholiker trockenlegt, so nüchtert auch ein Vortrag keine Behörde aus. Auf eine allgemeine Vorstellung des Themas müssen gezielte Schulungen kleinerer Gruppen von Vorgesetzten folgen mit Rollenspielen etc.

»Anfallsleiden« oder Alkohol

Die 48-jährige Mitarbeiterin der Firma H. war in den letzten Jahren häufiger krank. Ihre Fehlzeiten häuften sich, sie ging zu einer sechswöchigen Kur – aber auch danach hatte sich nichts verändert.

Wiederholt hatte Frau C. den Notarzt angefordert, da es ihr so schlecht ging. Einmal fand man sie mit Schaum vor dem Mund krampfend am Boden liegen. Der Notarzt diagnostizierte korrekt einen epileptischen Anfall. Weitere Maßnahmen wurden nicht eingeleitet.

Der Betriebsarzt befand sich in einem Dilemma. Er musste wegen der dauernden Fehlzeiten reagieren. Was verordnete er der Frau? Wegen eines möglichen Anfallsleidens solle sie doch besser zu Hause arbeiten ...

Dem Leiter des betriebsärztlichen Dienstes kam die Sache nicht geheuer vor. Er ließ sich die Unterlagen zeigen – und schloss völlig zu Recht auf eine Alkoholabhängigkeit. Heftige Diskussionen unter den Fachleuten führten zu keinem Ergebnis. Schließlich fanden Vorgesetzte einen bequemen Ausweg: Sie solle sich doch wegen einer Rente umschauen ... Tatsächlich erhielt sie aufgrund eines medizinischen Gutachtens eine Minderung der Erwerbsfähigkeit (MdE) von 50 Prozent attestiert: »Depressives Syndrom mit Anfallsleiden«! So war sie also berechtigt, zu Hause weiterzutrinken und sich nur gelegentlich per Telefon beim Dienstvorgesetzten zu melden.

Das Ende dieser Geschichte kann man voraussehen. (Und dann will es natürlich niemand gewesen sein!) Als der leitende Arzt noch einmal intervenierte und vor allem die Verlagerung der Arbeit nach Hause wegen der erhöhten Gefährdung kritisierte, gab es erheblichen Ärger: Der Personalrat beschwerte sich. Der Arzt hätte die Schweigepflicht gebrochen. Die Kollegin sei doch krank. Schließlich sei durch ein Gutachten abgesichert, dass sie ein »Anfallsleiden« habe.

Obwohl sich der Vorwurf der Schweigepflichtsverletzung nicht bestätigen ließ, bleibt es vorerst bei der fatalen Regelung, die Kollegin weiterhin zu Hause arbeiten (und trinken) zu lassen. Bei Frauen verläuft die Alkoholkrankheit in der Regel dramatischer und mit früheren körperlichen Schäden. Ob die Mitarbeiterin so das Rentenalter erreicht, ist mehr als fraglich.

Der Brief an den Vorgesetzten

Wie eng das Thema Alkohol am Arbeitsplatz verknüpft ist mit dem Schicksal von Familien, zeigt sich am folgenden Fall.

Frau G. hat eine Menge erlebt. Ihr Vater war Alkoholiker. Trotzdem hatte sie zu ihm eine bessere menschliche Beziehung als zu ihrer Mutter, die die Wut über ihren Ehemann an den Kindern austobte und diese so schlug, dass sie zum Beispiel in der Schule Hosen und langärmelige Hemden tragen mussten, um die Spuren der Misshandlungen zu verbergen. Zwei Brüder von Frau G. sind ebenfalls Alkoholiker geworden, einer ist davon bereits verstorben, der dritte ihrer Meinung nach nur deshalb nicht, weil er früh »eine sehr vernünftige Frau« gefunden habe ...

In der Familie gehen die Ansichten weit auseinander. Die eine Hälfte will von dem Thema Alkohol und Co-Abhängigkeit nichts wissen, die andere beschäftigt sich immerhin damit. Nur eine Einzige ihrer drei Schwestern bekennt sich wie Frau G. voll zu den Problemen.

Frau G. hat bereits eine Ehe mit einem Alkoholiker hinter sich. Das ist nicht weiter verwunderlich, da sie, trotz ihrer heftigen Abneigung gegenüber dem Alkohol, über zwölf Jahre eine Pilskneipe betrieben und dort ihren Mann als einen ihrer Stammgäste kennen gelernt hat. Inzwischen hört sie nur noch sporadisch von ihm, in der Regel fürchterliche Dinge. Er ist durch den Alkohol dement geworden, auf gut Deutsch: verblödet. Darum soll sich aber die nächste Frau kümmern, die an ihn geraten ist.

Frau G. hat genügend Probleme mit ihrem jetzigen Lebensgefährten, von dem sie einen fast dreijährigen Sohn hat. Mit vor Aufregung und Trauer stockender Stimme erzählt sie, dass sie in den letzten Monaten immer wieder Trennungsgedanken hatte. Sie wolle das Ganze nicht noch einmal mitmachen – und dem Kind ersparen, wie sie selbst mit einem alkoholkranken Vater aufzuwachsen.

»Mein Sohn sagt zu mir: ›Wieso magst du keinen Alkohol? Der Papa mag *immer* Alkohol!‹ – Seine große Liebe ist wirklich der Alkohol. Alle anderen Interessen, die er vorher hatte, sind verloren gegangen.«

Es folgt die übliche Geschichte von Kontrolle und Kontrollverlust, von Hoffnung, Rückfall und Depressionen.

Aber endlich entdecken wir etwas Positives: Der Lebensgefährte von Frau G. trinkt *nicht*, wenn er in Ferien ist. So auch wenig später: Die Familie G. geht in Urlaub. Zwei Wochen sind wunderbar. Herr V. ist der beste Vater, denkt sich Spielzeug für seinen Sohn aus, beschäftigt sich mit ihm, trinkt die ganze Zeit keinen Tropfen.

Am Montagabend nach der Heimkehr wieder das Übliche. Frau G. sitzt mit schrecklichen Gefühlen da und wartet auf ihren Mann ... Sie weiß, dass er an diesem Abend wieder volltrunken statt um halb fünf nachmittags gegen ein Uhr nachts nach Hause kommen und sich, da sie das Schlafzimmer abgeschlossen hat, auf die Couch werfen wird. Morgens ist dann das ganze Zimmer von Alkohol-(beziehungsweise Acetaldehyd-)Geruch erfüllt. Sie könnte wahrlich kotzen.

Wie üblich verschläft Herr V. Inzwischen greift seine Frau nicht mehr ein, lässt ihn weiterschlafen. Gegen acht ruft der Chef an und fragt, wo er denn bliebe. Frau G. ist über die Phase hinaus, wo sie ihn entschuldigt. Sie kommentiert nur noch: »Das können Sie sich doch denken!«, und gibt den Hörer weiter.

»Ich möchte wieder den Urlaubspapa«

Der gemeinsame Sohn Peter hat den Unterschied auf den Punkt gebracht. Der »Arbeitspapa« ist derjenige, der trinkt, der »Urlaubspapa« ist derjenige, der nicht trinkt und sich um ihn kümmert. Was könnte man daraus für Schlüsse ziehen? In einer weiteren Therapiestunde beschäftigen wir uns mit dieser Frage und kommen schließlich auf Anregung von Frau G. dazu, ob es nicht sinnvoll wäre, den Vorgesetzten von Herrn V. aufmerksam zu machen.

»Wenn sich die Arbeitssituation so ungünstig auf meinen Mann auswirkt, habe ich doch das Recht, hier einzugreifen, oder nicht?! Die Handwerker treffen sich jede Woche mehrmals, um aus irgendeinem Anlass gemeinsam zu trinken, wie zum Beispiel Geburtstag, Jubiläum usw., usw. Anschließend setzt sich mein Partner dann aufs Fahrrad und versackt im Bermudadreieck zwischen Arbeitsplatz, Wohnort und Goetheplatz. Sein direkter Vorgesetzter ist mit Sicherheit auch Alkoholiker. Die beiden lieben es, gemeinsam abends noch Spezialaufträge anzunehmen und hier Gelegenheit zum Weitertrinken zu haben. Zwei weitere Kollegen gesellen sich häufig dazu. Man spielt Karten und trinkt ...«

Herr V. hat ebenfalls einiges hinter sich: Seine Tochter aus erster Ehe wurde drogenabhängig und hat sich vor einigen Jahren aus dem siebten Stock eines Hochhauses gestürzt, ein Thema, das er völlig verdrängt, worüber er schweigt. Seine eigene Vergangenheit in einem alkoholgeprägten Elternhaus leugnet er. Darüber wird auch mit den Geschwistern nicht gesprochen, die mit Ausnahme einer Schwester alle Alkoholprobleme haben.

Frau G. konnte sich dazu durchringen, einen Brief an den Vorgesetzten zu schreiben, zumal sie zu ihm auch einen persönlichen Kontakt hatte. Dieser Brief schlug ein wie eine Bombe. Eine Woche später kam nicht nur Frau G., sondern auch der Vorgesetzte ihres Lebenspartners mit in die Therapie. Er erkundigte sich ausführlich über die Thematik.

»Ich befinde mich in dem Dilemma, dass ich das Ganze schon seit Jahren beobachte. Solange die Männer aber ihre Arbeit so einigermaßen machen, kann ich nicht eingreifen. Außerdem unterstützt mich unser Personalleiter nicht. Er steht kurz vor der Berentung und will sich keinen Ärger mehr machen. Aber ich habe jetzt beschlossen durchzugreifen.«

Ganz überrascht war Herr P., dass er auf eine längst vergessene Dienstvereinbarung zurückgreifen konnte, die den Genuss von Alkohol während der Dienstzeit ausdrücklich untersagte. Damit war die Sache viel einfacher. Herr P. verpflichtete jeden der an der »Nasszelle« beteiligten Männer, eine Beratung bei einem suchterfahrenen Nervenarzt wahrzunehmen.

Ein strenger Vater

Einer aus dieser Runde landete bei mir. Er wirkte sehr nachdenklich. Als ihm klar wurde, dass es mir wirklich nur ums Helfen ging, berichtete er, dass er unter seinem Vater gelitten habe, der als Maurer ebenfalls viel Alkohol trank. Zu Hause führte er sich als Diktator auf, duldete keinen Widerspruch. Die Kinder mussten auch an Sonn- und Feiertagen beim Hausbau mithelfen. Zum Schwimmen gehen oder zum Fußball, das war nicht drin. Wie hatte er da die anderen Kinder beneidet!

Er müsse zugeben, dass seine Frau ihn schon häufiger gebeten habe, endlich weniger zu trinken. »Die pilgert nach Lourdes, wenn ich aufhöre ...« Aber das Bier schmecke ihm nun einmal phantastisch. Hellhörig wurde ich, als er darauf zu sprechen kam, dass auch seine Tochter sehr angetan von dem Arztbesuch war.

Der Gruppendruck

Inzwischen hat sich die trinkende Männergemeinschaft aufgelöst. Ohne das Bindeglied Alkohol hat keiner mehr ein Interesse, nach der Arbeit länger zusammenzusitzen. Der Vorgesetzte ist zufrieden. Er stand unter einer hohen Spannung, denn wenn etwas passiert wäre, hätte man ihn verantwortlich gemacht. Er hätte nicht mehr leugnen können, dass es Probleme gab und dass er davon wusste. Die Qualität der Arbeit, die Zuverlässigkeit und das Betriebsklima haben sich deutlich verbessert.

Was Beschützen und Erklären anrichten können

Bei der Co-Abhängigkeit gibt es auch am Arbeitsplatz die Phasen des Beschützens und Erklärens, bevor es dann zur Kontrolle kommt – und schließlich zur Anklage, wo man irgendeinen passenden Vorwand findet, dem Betroffenen zu kündigen oder, auch nicht selten, ihn über Mobbing rausekelt, so dass er selbst die Kündigung einreicht. Alle Bemühungen zum Thema »Alkohol am Arbeitsplatz« sollen ausschließlich dazu dienen, den Betroffenen und ihren Angehörigen schneller und effektiver zu helfen und ein langwieriges Leiden zu verhindern.

Eine klassische Beschreibung einer Suchtkarriere im Betrieb lieferte mir ein Betriebsarzt, der noch nicht lange in seiner Firma beschäftigt war und erschüttert folgenden Sachverhalt vorfand:

»Herr K. ist seit 1969 bei einer unserer Zweigstellen tätig und wurde dem ärztlichen Dienst erst Mitte 1997 wegen Alkoholproblemen vorgestellt. Seine Vorgesetzten berichteten damals, dass er seit vielen Jahren auffällig gewesen sei, die Belegschaft aber in Erwartung einer spontanen Besserung gebeten habe, nichts zu tun. Erstmals aktiv werden musste der Vorgesetzte im Sommer 1997, als der Mitarbeiter anlässlich eines Betriebsausfluges abhanden kam.

Herr K. hat in der Folgezeit nicht kooperiert und das ganze Repertoire fortgeschrittener Abhängigkeit ablaufen lassen: Nicht-Wahrnehmen von Terminen, Tarnung durch getönte Brille, Knoblauch, Deo und starkes Parfum, Krankmeldungen mit und ohne ärztliche Atteste, Versagen der Schweigepflichtsentbindung, Verweigern ärztlicher Untersuchungen etc. Im März 1998 Trunkenheitsfahrt mit 2,78 Promille, bis heute Führerscheinentzug. Herr K. war durchgehend vom 26.07.98 bis 16.05.99 arbeitsunfähig ... und ist am 14.06.99 wieder zum Dienst erschienen.«

Der blasse und vorgealterte Patient kam in einem schlimmen Zustand zu mir zur Beratung, mehr gezwungen als freiwillig. Im Münchner Alkoholismustest (MALT) hatte er mindestens 22 Punkte – und schon bei 11 Punkten kann mit großer Sicherheit die Diagnose Alkoholismus gestellt werden. Dazu kamen erheblich gestörte Leberwerte mit einer zehnfachen Erhöhung der obersten Norm. Das waren allerdings die Werte zu Beginn der im Wesentlichen durch eine andere Krankheit verursachten Arbeitsunfähigkeit. Gegen Ende der Arbeitsunfähigkeit hatte sich der Wert noch einmal fast verdreifacht.

Herr K. lieferte die klassische Vorstellung eines uneinsichtigen Patienten. Er sei »nur ein Bauernopfer ... Irgendeiner musste ins Gras beißen. Der Personalleiter hat mich ins Büro gerufen und mir nach drei Minuten vorgehalten, ich sei Alkoholiker! ... Früher wurde bei uns noch viel mehr getrunken. Ich bin nur ein Opfer ...«

Zum Verlust seiner Fahrerlaubnis mit einem bemerkenswerten Alkoholpegel, den ein Nichtalkoholiker kaum lebend überstanden hätte, gab er ausweichende Auskünfte: Da sei so viel zusammengekommen. Bis morgens um 7 Uhr habe er Cognac getrunken und sich dann ins Auto gesetzt ...

Ich versuchte Herrn K. deutlich zu machen, dass es mir um ihn als Leidenden und als Kranken gehe, nicht primär um seine Schwierigkeiten am Arbeitsplatz. Selbst wenn man ihn, was nicht so ganz selten ist, als – wie er sich ausdrückte – »Bauernopfer« oder als »Spitze des Eisbergs« auserkoren hatte, würde er innerhalb kurzer Zeit an den Folgen der Alkoholkrankheit sterben, wenn er nichts dagegen unternähme.

Betriebliche Programme »Sucht« als Sackgasse?

Margot Wehmhöner aus Essen zieht in der Zeitschrift *Die BKK* (Heft 7/1998, 348–350) ein kritisches Resümee betrieblicher Suchthilfe. »Perspektivisch ist es ... erforderlich, die Strategien zur Lösung von Problemen durch Alkohol oder andere Rauschmittel stärker in gesamtbetriebliche Entwicklungen und Verantwortlichkeiten einzubinden.

Es geht vor allem darum, Leistungsveränderungen und Fehlzeiten rechtzeitig anzusprechen, noch lange diesseits der Alkoholkrankheit im engeren Sinne. Ohnehin gibt es ja begründete Behauptungen, daß gesellschaftlich der Alkoholmißbrauch erheblich mehr Schaden anrichtet als die relativ geringe Zahl der Alkoholiker. Man sollte auch den Zusammenhang sehen mit anderen psychischen Störungen. Besonders fatal wird es dann, wenn Vorgesetzte meinen, sie könnten nur mit der Diagnose ›Alkoholismus‹ o.ä. tätig werden.«

Wahrscheinlich hat Frau Wehmhöner Recht, wenn sie zusammenfasst: »Nach dem Boom betrieblicher Vereinbarungen zum stufenweisen Umgang mit Suchtkranken erweisen sich viele dieser Vereinbarungen nach anfänglicher Euphorie letztendlich als im Unternehmensalltag nicht gelebtes Papier; werden die erforderlichen regelmäßigen Schulungsprogramme für Vorgesetzte nur in wenigen Betrieben umgesetzt; leiden Informationsangebote für die Gesamtbelegschaft an geringer Nachfrage, weil ›nur diejenigen hingehen, die sich sowieso schon für dieses Thema interessieren‹. Gleichzeitig werden missionarischer Eifer und Abstinenzbemühungen beargwöhnt; fühlen sich viele direkte Führungskräfte – berechtigt oder nicht – aktuell von der Problematik betroffen. Sie erkennen nicht den Nutzen und die Übertragbarkeit der Schulungsinhalte zur Alkoholproblematik für ihre alltäglichen Führungsaufgaben; wehren suchtgefährdete Mitarbeiter den

Kontakt mit einer Suchthilfeeinrichtung aus Angst vor der Stigmatisierung so lange wie möglich ab.«

Man müsste sich also mehr auf den alltäglichen Suff konzentrieren, auf die Auswirkung langer Feiern am Vorabend, aber auch auf die potenzierenden Wirkungen von Tranquilizern etc.

Einbindung in ein allgemeines Gesundheitskonzept

Auch ich würde dafür plädieren, von der besonderen Betonung des Themas Sucht wegzukommen. Das bedeutet aber nicht, dass es keinen Sinn macht, spezielle Schulungsmaßnahmen anzubieten. Die Information über Alkoholwirkungen ist oft erschütternd gering. Dass viele die Herkunft so gängiger Wörter wie »Kater« (von »Katarrh«), von »Sucht« (von »siech« = krank) und schließlich des Alkohols selbst (aus dem Arabischen: »das Feinste«) nicht kennen, ist nicht so wichtig. Aber jeder Vorgesetzte sollte zum Beispiel wissen, dass eine Belegschaft, die am Abend kräftig gefeiert hat, vielleicht sogar zusammen, am nächsten Tag nicht oder noch nicht wieder arbeitsfähig ist, da die Alkoholabbaurate nur 0,1 bis 0,15 Promille pro Stunde beträgt. Wer also nach einem Volksfestbesuch bis Mitternacht gezecht hat und einen Pegel von beispielsweise 2,0 Promille erreicht, sollte auf keinen Fall zur Arbeit fahren!

Dieser Zusammenhang demonstriert die Alkohol-Uhr (aus: Industriegewerkschaft Metall [Hrsg.]: *Das Suchtbuch für die Arbeitswelt. Alkohol, Medikamente, Drogen, Nikotin, Eßstörungen, Spiel- und Arbeitssucht*, Frankfurt/M., 2. Aufl. 1992, S. 132):

Rest . . . Alkohol, die unterschätzte Gefahr

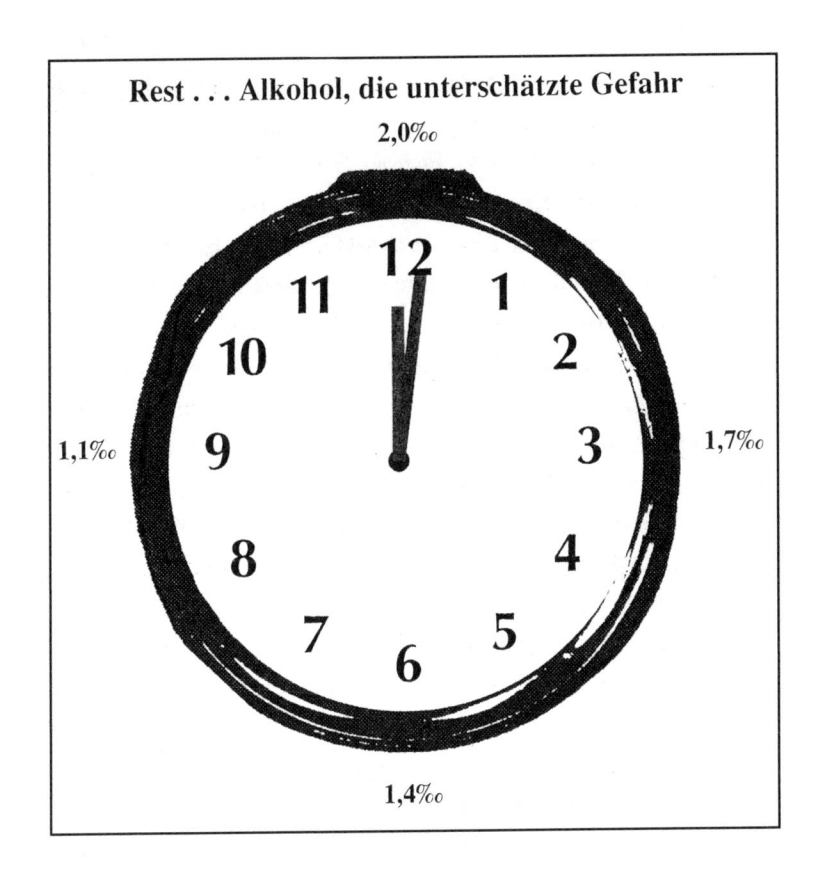

2,0‰

1,1‰   1,7‰

1,4‰

Vertrauen ist gut, Kontrolle ist besser: Alkomaten und Urinkontrollen

In all meinen Seminaren versuche ich die Verbreitung von Alkomaten zu erhöhen. In diesem Sinne argumentieren auch Juristen: Ein Rechtsanwalt rät Unternehmen, Alkoholtestgeräte einzusetzen, auch um bei einem möglichen späteren Kündigungsprozess Fakten vorweisen zu können. »Arbeitnehmer hingegen, die den Pustetest verweigern, machen sich jedenfalls so verdächtig, daß sie vor Gericht erhebliche Beweisnachteile haben.« (*Wirtschaftswoche*, Nr. 23, vom 3. Juni 1999, S. 127 f.).

Wie kann es passieren, dass ein Busfahrer aus einem westdeutschen Verkehrsverbund »mit 3,35 Promille am Steuer eines vollbesetzten Linienbusses tagsüber 3 rote Ampeln überfahren hatte, ehe er von seinen Fahrgästen zum Anhalten gezwungen wurde«? Niemand hatte angeblich etwas von der Sucht des Mitte 50-jährigen Mannes und den Gefahren bemerkt, die von ihm ausgingen. Besonders peinlich und Anlass für eine lautstarke Richterschelte war die Tatsache, dass der Mann vorher wegen privater Trunkenheitsfahrten seinen Führerschein verloren hatte und nur für kurze Zeit in den Innendienst versetzt wurde, um dann wieder auf die Passagiere losgelassen zu werden.

Leider kann ich bei diesem Thema den ärztlichen Bereich nicht aus der Schusslinie nehmen. Nach meinen Beobachtungen ist der Widerstand gegen das Thema »Alkohol am Arbeitsplatz« selten größer als in Kliniken. Wenn dann doch eine Mitarbeiterin aus der zweiten oder dritten Reihe eine Veranstaltung initiiert, kann es zum Beispiel passieren, dass der hauptverantwortliche Personalleiter eine Viertelstunde vor Ende der Veranstaltung erscheint, mir noch einmal freundlich die Hand gibt: Er habe sich gefreut mich kennen zu lernen ... Folgen hatte das aufwendige Seminar danach meist selten!

Wir Ärzte müssen vor der Approbation, das heißt der Zulassung zur Tätigkeit als Arzt, eine Bescheinigung vorweisen, die uns als »nicht suchtkrank« deklariert. Wiederholt habe ich Kollegen behandelt, die wegen Suchtkrankheit nur eine vorläufige Zulassung unter Therapieauflage erhalten hatten. Aber das ist eher die Ausnahme. Viele Ärzte üben ihren Beruf unbehelligt unter beträchtlichen Alkoholpegeln aus. Ein selbst Betroffener sagte dazu ganz richtig: »Es ist nur erstaunlich, wie *wenig* passiert.«

Im Artikel »Die Existenz steht auf dem Spiel«, erschienen im *Deutschen Ärzteblatt* im Heft 97, 1–2, vom 10. Januar 2000, heißt es schon im Untertitel: »Ärzte werden häufiger alkoholabhängig

> **Co-Verhalten bei Ärzten**
>
> Martä Tikkanen beschreibt sehr treffend einen Besuch in der Beratungsstelle, wo sie Hilfe für sich und die Kinder sucht:
>
> »Bevor es auch für uns zu spät ist ...: Der Psychiater blättert bekümmert in den Adressen der Unfehlbaren. Hier habe ich zwei, sagte er, die ganz hervorragend sein sollen. Den Besten, sagte er, heben wir uns vorsichtshalber für Ihren Mann auf, falls er mal Hilfe haben möchte. Aber hier, sagte er freundlich, ist die Adresse des Nächstbesten für Sie und die Kinder!«
>
> *(Aus: DHS [Hrsg.]:* Jahrbuch Sucht 1995, S. 236)

als Normalbürger«. »Viele Ärzte stellen zu hohe Anforderungen an sich selbst. Sie wollen dem Ideal des selbstlos Helfenden entsprechen, der zu jeder Zeit mit maximalem Einsatz arbeitet. Überbelastung und Scheitern sind so programmiert.« (Siehe auch das Kapitel »Arbeitssucht – Modebegriff oder ernsthafte Diagnose?«) »Das Klischee vom unverwundbaren Helfer und der Glaube, aufgrund des Medizinstudiums Suchtmittel im Griff zu haben, führen zur Verdrängung ... Die Ärztekammer ... spricht von ›prolongierten Krankheitsverläufen mit katastrophalen sozialen und körperlichen Folgewirkungen‹. Bei Süchtigen aus Berufsgruppen mit hohem Sozialprestige endet die Krankheit erschreckend häufig mit dem Selbstmord des Betroffenen.« Obwohl also effektive Hilfe möglich ist (zum Beispiel in den Oberberg-Kliniken), wird das Thema weithin geleugnet.

Die Einführung von Dienstvereinbarungen an Krankenhäusern scheint Schwerstarbeit zu sein. Wie kann es sonst passieren, dass aus verschiedenen Kliniken im oberbayerischen Raum immer wieder Mitarbeiter in Seminaren bei mir erscheinen, letztlich aber über Jahre kein Fortschritt zu beobachten ist? Von einer Vorbildfunktion der Ärzte ist hier vorerst nichts zu erkennen.

Der Alkomat beseitigt Probleme

Die leidige Diskussion, ob ein Arbeitnehmer nun unter Alkohol steht, kann mit dem Alkomaten schlagartig geklärt werden – positiv oder negativ. Wie extrem das Leugnen von Alkoholikern ausfallen kann, möchte ich an zwei Beispielen erläutern:

Einmal kam ein nass geschwitzter, streng nach Alkohol riechender Beamter zu mir in die Praxis. Sein Vorgesetzter hatte ihn verpflichtet, vor einem möglichen beruflichen Aufstieg etwas gegen sein Alkoholproblem zu unternehmen. Obwohl ich während des Gesprächs den späteren »Alkotest« angekündigt hatte, leugnete der Patient weiterhin. Erst als ich das Gerät schon eingeschaltet und das Mundstück aufgesetzt hatte, stotterte er verlegen vor sich hin, dass ich mit meiner Vermutung schon Recht gehabt hätte ...

In einem anderen Fall war es sogar eine Arztkollegin, die morgens um 11 Uhr mit einer süßlichen Fahne auftauchte. Im Gespräch wartete ich ab, ob sie vielleicht selbst den Mut hätte, auf ihren Rückfall einzugehen. Da das ausblieb, unterbrach ich das Gespräch nach einigen Minuten und fragte sie direkt, wie es denn mit dem Alkohol stünde? »Alles bestens!« Nach der Feststellung von 1,3 Promille brach ich das Gespräch wenige Minuten später ab.

Meine Vermutung geht dahin, dass Vorgesetzte viel mehr Angst vor dem Alkomaten haben als ihre Mitarbeiter. Man möchte sich ja so gerne täuschen! Vielleicht war es doch Parfum und nicht Promille!? Dann könnte man den schönen Schein wahren und bräuchte nicht zu handeln.

Rausch und Realität – Drogentests in der Arbeitswelt?

In der *Wirtschaftswoche*, Heft 23, vom 3. Juni 1999, waren auf S. 127 f. einige interessante Passagen zu diesem Thema zu lesen:

Nach dem Motto »Wir sind ja alle ein bisschen schizophren« (gemeint ist schizoid – d. Verf.) hält Arbeitsrechtler Hans-Peter Löw die Situation in dieser Frage für geradezu paradox: »Für einen rauchfreien Arbeitsplatz ziehen Arbeitnehmer bis vors höchste Arbeitsgericht – und keiner wagt, das zu kritisieren. Aber es ist unpopulär, wenn ein Unternehmen die Mitarbeiter durch Drogenkontrollen vor Unglücken schützen will.«

»In Amerika haben Unternehmen mit derartigen Gesundheitschecks keine Probleme. Im Gegenteil, sie gehören dort seit Jahren zur Tagesordnung. Nicht zuletzt deshalb, weil die Firmen hohe Schadensersatzklagen von Kunden, Mitarbeitern oder deren Hinterbliebenen befürchten müssen. Schon seit 15 Jahren werden in US-Unternehmen sogar regelmäßig Urinkontrollen bei den Arbeitnehmern durchgeführt, um möglichen Drogenmißbrauch festzustellen«, weiß der Toxikologe Gerold Kewert. Die Zahl der Sünder sei deshalb in den Vereinigten Staaten bereits von 18 auf 7 Prozent der Mitarbeiter gesunken.

Einige Unternehmen haben in Deutschland schon Vorbildfunktion erlangt, so die MTU in München, die Firma Heidelberger Druckmaschinen oder der Pumpenhersteller KSB in Frankenthal. »Beim Chemiekonzern Hoechst etwa steht schon in der Betriebsvereinbarung, daß routinemäßig Drogentests bei betriebsinternen Versetzungen in sicherheitsrelevanten Bereichen durchgeführt werden. Hierzu zählen Betriebe, die der Störfallverordnung unterliegen, oder wenn es um Fahr-, Steuer- oder Überwachungstätigkeiten geht. Dasselbe gilt auch für Arbeiten, bei denen zum Beispiel Absturzgefahr besteht.«

Selbstverständlich hat man auch bei Einstellungsuntersuchungen Drogentests vorgesehen. Damit kann man sich aber auch Ärger einhandeln – so die Firma Saar-Stahl, die trotz Einwilligung ihrer Lehrlinge wegen solcher Tests in die Kritik geriet. Obwohl juristisch nichts einzuwenden war, gingen Eltern von sechs ertappten Auszubildenden auf die Barrikaden, riefen die Presse auf den Plan und warfen dem Betriebsarzt Verletzung der Schweigepflicht, dem Stahlunternehmen eine Verletzung von Persönlichkeitsrechten vor. Selbst die saarländischen Jusos meldeten sich zu Wort und schalten die Drogentests der Saar-Stahl öffentlich als »unverhältnismäßig und nicht zeitgemäß«.

Der zuständige Personalchef kommentierte zu Recht: »Bei uns als Hüttenunternehmen gibt es Kräne mit 100 Tonnen Roheisen am Haken und schnell laufende Maschinen. Wir müssen sicher sein, daß unsere Leute klar im Kopf sind, damit nichts passiert.« (Als Student habe ich selbst auf Baustellen gearbeitet, wo man spätestens ab Mittag vorsichtig sein musste, dass der betrunkene Kranführer nicht zu forsch mit seinen Lasten jonglierte.)

Wer wird geschützt?

Über die Motive derer, die die Süchtigen schützen möchten, darf spekuliert werden. Sind die Menschenrechte derer, die durch Medikamenten- oder Drogeneinfluss indirekt gefährdet werden, etwa nichts wert? Warum verbündet man sich, psychotherapeutisch gesprochen, mit den kranken Seiten der Probanden?

Die erfolgreichsten Suchtprogramme in den USA sind solche, bei denen zufällige Alkoholtests, Urinproben und Haarproben integriert sind. Verhaltensmaßregeln sind für *alle* bindend, nicht nur für die, die sich daran halten wollen ...

Arbeitssucht – Modebegriff oder ernsthafte Diagnose?

Unter Co-Abhängigen scheint der Drang zur Arbeit besonders verbreitet, manchmal genau entgegengesetzt zur Arbeitsscheu vieler süchtiger Angehöriger oder Partner. Damit kann man sich selbst bestätigen und Probleme verdrängen. In Helferberufen ist Arbeitssucht besonders verbreitet, unter Ärzten fast eine Berufskrankheit. Auch in der breiten Bevölkerung geht man davon aus, dass der klassische Hausarzt, aber auch der engagierte Kliniker eigentlich 24 Stunden Dienst hätte ... Dabei vernachlässigen viele Ärzte ihre eigene Gesundheit, greifen zum Abschalten zu Medikamenten und Alkohol und sind oft für ihre Angehörigen nicht mehr erreichbar.

Eine Arztpraxis war bis zur Einschränkung der Budgets, das heißt der radikalen Einschränkung der Leistungen, die von einer Praxis erbracht werden *dürfen*, ein »verhaltenstherapeutisches Modell zum Erwerb der Arbeitssucht«. Diese zugespitzte Formulierung hat in Seminaren vielfach Heiterkeit hervorgerufen. Inzwischen werden KollegInnen recht nachdenklich, wenn ich die These aufstelle, dass die Budgetierung – bei all ihren katastrophalen Folgen – vielen Ärzten das Leben retten könnte. Während früher viele Kollegen mit jeder erbrachten Leistung quasi die Kasse klingeln hörten (und damit zu immer noch mehr Arbeit angetrieben wurden), schränken inzwischen viele ihr Engagement gegen Ende des Quartals ein, um ihre vorgegebenen Zahlen nicht zu überschreiten, aber auch, um nicht umsonst zu arbeiten.

In Kliniken ist Arbeitssucht sozusagen Bestandteil des Arbeitsvertrages geworden. Wer nicht von vornherein darauf verzichtet, unentgeltlich Mehrarbeit zu leisten, bekommt erst gar keinen Vertrag. Der Hintergrund liegt darin, dass beispielsweise an einigen Münchner Kliniken Assistenzärzte in der Chirurgie, in der Gynäkologie usw. einige tausend Überstunden angehäuft und versucht hatten, einen Gegenwert über ihre Standesvertretung (zum Beispiel über den Marburger Bund) einzuklagen. Um das auszuschließen, müssen vorweg entsprechende Verzichtserklärungen unterzeichnet werden. Dann ist juristisch nichts mehr zu ändern.

Inzwischen sind wir also wieder bei der Professorenherrlichkeit angelangt, wie sie etwa im *Deutschen Ärzteblatt* im Heft 96/11 vom 19. März 1999 wiedergegeben wurde. Ein Leser zitiert darin eine Anekdote des legendären Professors Sauerbruch, der schon immer betont hatte, dass ein wissenschaftlicher Assistent »mit der Klinik verheiratet« sei und deshalb keine Augen für anderes haben dürfe ...:

Sauerbruch zu einem seiner Assistenten: »Ich habe seit Monaten keine wissenschaftliche Arbeit mehr von Ihnen zu sehen bekommen.«
Assistent: »Herr Geheimrat! Ich habe eine große operative Station zu versorgen und komme daneben zu nichts anderem.«
Sauerbruch: »Was machen Sie denn den ganzen Tag?«
Assistent: »Ich stehe um sechs auf, dusche, rasiere und frühstücke um drei viertel sieben. Um viertel nach sieben bin ich auf Station und verlasse sie gegen 22 Uhr.«
Sauerbruch: »Und was tun Sie dann?«
Assistent: »Ich lese noch etwas und gehe danach um 24 Uhr schlafen, Herr Geheimrat.«
Sauerbruch: »Sagen Sie mal, Herr Kollege: Der Tag hat doch 24 Stunden! Und ein junger Mensch wie Sie! Von Mitternacht bis 6 Uhr im Bett! Liegen Sie sich da nicht wund?«

Spaß beiseite: Hier wird klar, warum die menschliche Komponente gerade in Universitätskliniken oft zu kurz kommt. Es ist die Arbeitssucht der Chefs und ihrer Untergebenen (»Herr Geheimrat!«), hinter der eine riesige Portion Ehrgeiz oder Ruhmsucht steckt. Wartet vielleicht doch noch ein Nobelpreis auf mich? Das Motto von Süchtigen lautet bekanntlich: Ich bin nie gut genug!« Das Verfehlen hoher Ziele wird als völlige Niederlage erlebt: »Sekt oder Selters!?«

»Wir arbeiten uns noch zu Tode«

Diane Fassel hat in diesem Titel ihres bekannten Buches über die Arbeitssucht zusammengefasst, was sie bei ihren Seminaren in Firmen und Behörden beobachtet hat: Die Arbeitssucht trägt praktisch alle Züge anderer Süchte – und sie kann ebenso tödlich verlaufen. In vielen Passagen ihres Buches könnte man das Wort Arbeit durch Alkohol ersetzen, ohne den Sinn zu entstellen. Hier geht es wiederum um Kontrolle und Kontrollverlust, um die Mengen, um heimliches Arbeiten, um Vorratshaltung, um Entzugserscheinungen etc. Der Test »Fragebogen über süchtiges Arbeiten« auf S. 211 f. gibt die Möglichkeit, eine eigene Gefährdung zu erkennen. (Natürlich kann hier auch ein Partner oder Angehöriger die vermuteten Antworten zusammentragen und damit ein deutlicheres Bild gewinnen.)

Warum ist man bei uns noch nicht so weit, wie zum Beispiel in Japan als Todesursache auch die Diagnose »Arbeitssucht« (»Karoshi«) einzuführen? Mit den sozialen und psychischen Dimensionen von Krankheiten tut sich die Medizin seit jeher schwer. Arbeitssüchtige Wissenschaftler, die ihr Feldbett sozusagen neben den Versuchstieren oder heute, moderner, neben dem Computer aufgeschlagen haben, die auch die Reste ihres Privatlebens in die Labors verlegen, dürften kein Interesse daran haben, dass man ihr Verhalten mit den Begriffen von Missbrauch und Abhängigkeit in Verbindung bringt. Dabei brauchten sie sich nur an den alten Paracelsus zu erinnern, der den wichtigen Satz geprägt hat: »Die Menge macht das Gift.« Genauso verhält es sich mit der Arbeit. Selbstverständlich bestimmt sie einen wesentlichen Teil unseres Lebens. Aber letzten Endes darf es nicht dazu kommen, dass der Spruch »Arbeiten, um zu leben« zur Version »Leben, um zu arbeiten« verkommt.

Natürlich legen arbeitssüchtige Chefs, ob Rechtsanwälte, Ärzte, Manager, Handwerksmeister oder andere, unbedingt Wert darauf, dass in ihrer Umgebung auf keinen Fall der Gedanke aufkommt, es könne sich bei ihnen um ein pathologisches Verhalten handeln. Sie strukturieren die Arbeit so, dass alle anderen mitziehen, oft über lange Zeit unter der Verkündung »höherer« Ziele und unter dem Einsatz ihres ganzen Charismas, um perfekte und unbegrenzte Leistungen aus ihren Mitarbeitern herauszupressen.

Die Auswirkungen der Arbeitssucht sind vielfältig. Wie etwa beim Alkohol gibt es körperliche, psychische und vor allem auch soziale Schäden. Von Einzelfällen abgesehen, kommt kaum ein Arbeitssüchtiger von selbst zur Therapie. Oft wird er (wie der spätere Therapeut) kaum einen Zusammenhang herstellen zum Arbeitsverhalten. Es wird verdrängt, bagatellisiert und geleugnet. Erst bei dramatischen körperlichen Folgeerscheinungen, die durch weitere Süchte hervorgerufen werden, wird der Arbeitssüchtige den Weg in die Praxis finden. Manche lernen es aber auch nach dem zweiten Herzinfarkt nicht …

»Jeden Tag zu arbeiten ist kein Zeichen für Intelligenz!«
Ein Patient zu seinem völlig überarbeiteten Arzt

Eine Sucht kommt nie allein

Dieser Spruch gilt besonders für Arbeitssüchtige. Es geht hier nicht nur um Geltungs- oder Machtsucht, obwohl das starke Antriebe für Arbeitssucht sind. In der Regel kommen stoffgebundene Süchte wie Alkohol oder Tranquilizer zur Beruhigung, Kokain für den Größenwahn, Fresssucht zum Auffüllen der inneren Leere oder Sexsucht zum kurzfristigen Abreagieren sexueller Wünsche hinzu.

Vor meiner Niederlassung hatte ich zuletzt einen Chef, zu dessen Größenwahn auch das Aufzählen von insgesamt zehn Süchten gehörte. Dabei hatte er mindestens zwei vergessen, denen er sich auch nach dem Abschied vom Alkohol und vom Kokain weiterhin widmete: der Arbeitssucht und dem Machtrausch. Offiziell verkündete er »humanitäre Ziele«, wollte mit seinem Klinikkonzept ganz Europa missionieren. Dabei war er für seine Familie nach wie vor nicht erreichbar. Er zwang MitarbeiterInnen zu extremen Arbeitsleistungen. Wenn er sich mit seinem Vizedirektor stritt, kam es zwischen beiden zu lautstarken Auseinandersetzungen. Bevor Gegenstände flogen, verließen die Sekretärinnen, die das schon zur Genüge kannten, fluchtartig den Raum.

Wie sich später herausstellen sollte, hatte das Projekt, zu dem er seine Mitarbeiter missbrauchte, nur den Sinn, Millionenbeträge über einen erhöhten Aktienkurs an der amerikanischen Börse zu erwirtschaften. Zwei Millionen Dollar und ein paar menschliche Verluste sind da nicht weiter tragisch ...

Glanz und Elend eines Lebensstiles

In einer narzisstischen und süchtigen Gesellschaft ist Arbeitssucht anerkannt. Sie wird bewundert und gefördert. Die indirekten Opfer, die Angehörigen, Partner und Kinder, bleiben im Hintergrund, die direkten Opfer werden geradezu als Helden gefeiert, gefallen an der Arbeitsfront. Arbeitssucht wird auch unterstützt durch mehr oder minder offen proklamierte gesellschaftliche Normen wie etwa »ora et labora« (bete und arbeite). Wenn in einer Religionsrichtung wie im Kalvinismus die Gnade Gottes direkt am materiellen Erfolg ablesbar ist, bleibt einem ja nichts anderes übrig, als mit den Nachbarn mitzuhalten – und das geht meistens nur über mehr und noch mehr Arbeit.

Arbeitssucht führt zur Einengung der Lebensperspektive, zum Verlust von Lebensfreude bis hin zur Suizidalität (direkt oder indirekt über schnelle Autos, Alkohol etc.), zum Verlust von Moral und Werten, natürlich auch zum Verlust von Spiritualität und Gottvertrauen. Geld, Macht und Sex werden – offen oder verdeckt – zu den ausschließlichen Zielen. Es entsteht bei den Betroffenen ein falsches Selbst. Die Entfremdung wird wie bei den anderen Süchten aber nicht wahrgenommen, sondern geleugnet und verdrängt.

Unbewusste Motive für unser Handeln?

Wir müssen alle davon ausgehen, dass unser Handeln nur teilweise aus bewussten Motiven entsteht. Eine von Freuds großen Entdeckungen war sicherlich, dass er die Einflüsse vorbewusster und vor allem unbewusster Motive auf unser Leben ins Bewusstsein gebracht hat. Selbst hartgesottene Realisten und Positivisten räumen ein, dass es Sinn macht, über Motivationen für Ziele, Lebensführung etc. nachzudenken.

Die Arbeit kann man deuten als große Mutter mit mehr oder minder großen Brüsten, die ernährt, aber auch für Verfehlungen straft. *Die Klinik, die Firma, die Schule, die Behörde* – alles zufällig weiblich? Das (unbewusste, verinnerlichte) Über-Ich der großen Mutter ist bei Arbeitssüchtigen meistens streng bis sadistisch ausgeprägt. Lob gab es oder gibt es nur für Leistung, nicht für den Menschen an sich. Die innere Stimme »Du bist nicht gut genug!« kann zum Lebensmotto werden, zur sich selbst erfüllenden Prophezeiung.

Künstliches Selbstbewusstsein

Das Selbstbewusstsein des Arbeitssüchtigen ist meistens direkt proportional zur bewältigten Arbeitsmenge. Wie gesagt: Die Menge macht das Gift. Der Arbeitssüchtige erlebt nach einem gewissen »Aufbautraining« positive Gefühle, schließlich Räusche der Bestätigung durch Arbeit. Freie Tage oder gar verlängerte Wochenenden können zur Qual werden, da das Suchtmittel nicht zur Verfügung steht. Da werden womöglich heimlich Akten mitgenommen, um wenigstens die Illusion der Arbeitsmöglichkeit zu erhalten. Spätestens am Sonntagnachmittag steigt das Unwohlsein. Was am Montag alles auf mich wartet ... Während vordergründig noch Kontakt zum Partner oder zur Familie besteht, arbeitet der Hinterkopf längst auf hohen Touren, um Strategien für die kommende Woche zu entwerfen.

Warnende oder gar kritische Stimmen sind lästig: »Ich schaffe das schon! Lasst mich in Ruhe!« Nicht verwunderlich ist daher auch die Beobachtung, dass Menschen in typisch arbeitssüchtigen Bereichen wie in der Politik, der Medizin und in Rechtsanwaltskanzleien sich nach gescheiterten Ehen Menschen aus dem unmittelbaren Arbeitsbereich suchen: die Chefsekretärin, die Arzthelferin etc.

In Vorgesetzten tauchen für Arbeitssüchtige oft Mutter-, manchmal aber auch Vaterfiguren auf, ebenso konkurrierende Geschwister. Wer wird vom (arbeitssüchtigen) Chef am meisten geliebt? Wer bekommt den nächsten Chefposten im Ausland? Wer darf sich an der Universität habilitieren? Wer darf den Chef begleiten? Unbewusst wird gekämpft, gelitten und gewütet. Die Arbeit wird zum Selbstzweck, man versucht, sich gegenseitig zu überbieten – wie im Leistungssport. Aber selbst die Goldmedaille kann manchmal nicht mehr gutmachen, was die Zeiten vorher zerstört haben.

Unbewusste Motive für Arbeitssucht können auch reale oder eingebildete Minderwertigkeiten sein. So sind viele Chefs körperlich auffallend klein. Andere erfolgreiche Menschen haben Sprachfehler, körperliche Behinderungen oder Entstellungen. Wolf Schneider hat in seinem spannenden Buch *Die Sieger* an unendlich vielen Beispielen gezeigt, wie sehr später erfolgreiche Menschen oft leiden mussten, bis sie es zu dem Erfolg gebracht haben, der sich schließlich in Beschreibungen, zum Beispiel in Lexika niedergeschlagen hat. Viele haben ihren Ruhm buchstäblich mit dem Leben bezahlen müssen. Leider können wir sie nicht mehr fragen, ob es das Ganze wert war.

Die Arbeitssucht kreativer Menschen

Vielleicht müssen wir bei der Arbeitssucht kreativer Menschen noch weitere Faktoren in Betracht ziehen. Sie stehen oft unter dem hohen inneren Drang, eine irdische Mission zu erfüllen, wie beispielsweise Franz Schubert, der meinte, er sei nur auf die Welt gekommen, um Musik zu schreiben. Nach Wunsch seines Vaters sollte er eigentlich Volksschullehrer werden.

Vielleicht zeigt uns Anton Tschechow einen Weg, der einen seiner Protagonisten in dem Stück *Drei Schwestern* sagen lässt: »Wir müssen die Liebe zur Arbeit mit der Liebe zu höheren Dingen verbinden, nicht wahr!?«

Arbeitssucht allein führt nicht zur Therapie

Durch die hohe soziale Anerkennung von Arbeitssucht sind Betroffene für eine Therapie kaum motiviert oder motivierbar. Hinter glänzenden Fassaden spielen sich Tragödien ab, die oft bis zum letzten Moment unsichtbar bleiben. Wie auf einer Opernbühne wird dort ein wunderschönes Stück mit dramatischer Musik gespielt, während hinter der Bühne die Revolution geplant wird und unter dem Bühnenboden eine Bombe schlummert ... Vielleicht warten schon Angehörige mit einer Mischung aus Schadenfreude, Angst, Wut und Trauer auf einen möglichen Zusammenbruch: »Dann wird er es endlich kapieren!«

Wie Alkoholiker versuchen die Betroffenen stets noch eine letzte Frist zu bekommen. Sie müssten noch dieses oder jenes Projekt zu Ende führen, diese oder jene Beförderung erreichen, unbedingt noch etwas Geld verdienen, um die Familie vor dem Ruin zu bewahren – und *dann* wird sich alles ändern! »Ab morgen ist Schluss!« Das ist bei allen Süchten dasselbe Motto.

Arbeit als nährende und strafende Mutter

In der Psychotherapie taucht die Arbeitssucht in der Regel erst als Nebenthema auf, kann aber zum Beispiel nach Aufgabe des Alkoholkonsums zum Hauptthema werden. Die Deutung der Arbeitssucht als unbewusste masochistische Abhängigkeit von der großen Mutter ist in einem fortgeschrittenen Stadium oft hilfreich, da sie die unbewusste Verbissenheit in das Thema und die Arbeitsstelle durchbricht.

Im Extremfall können sich Arbeitssüchtige selbstschädigend verhalten wie ein Patient, der seine Verachtung für seine Vorgesetzten – »Alles Schweine!« – in der Kantine rausposaunte und sich über die Reaktionen auch noch wunderte. In einer ihm unbewussten Übertragung sah er in seiner Arbeit die bösartige Mutter und im jeweiligen Vorgesetzten den Vater, der die Mutter nach einer kurzen Affäre verlassen und den er dadurch nie kennen gelernt hatte. Ein langjähriges Überbehüten der Mutter fand ein plötzliches Ende, als der Patient mit neun Jahren in ein streng katholisches Internat abgeschoben wurde, wo ihm die Patres wegen seiner unehelichen Abstammung beschämende Fragen stellten und die Mitschüler ihn wegen seiner geringen Körpergröße hänselten.

Als Erwachsener entwickelte er begleitend zu seiner Arbeitssucht, bei der auf zunächst unerklärliche Weise die entscheidenden Karriereschritte immer in letzter Sekunde gescheitert waren, ein extremes Suchtverhalten, in dem seine hoch ambivalente Beziehung zu Frauen deutlich wurde: Er ging unter hohem Alkoholpegel zu Prostituierten und tobte seine Sexualität in süchtiger Weise aus.

Man gönnt sich ja sonst nichts

Brave Broschüren nützen bei Arbeitssüchtigen genauso wenig wie bei Alkoholikern. Es muss schon etwas Gravierendes passieren oder der Druck des Umfeldes so stark werden, dass der Betroffene etwas unternimmt. Der Abschied von der Arbeitssucht läuft wie bei anderen schweren Erkrankungen über den Trauerprozess, das heißt über das anfängliche Leugnen zur Wut, zum Feilschen (»Ein bisschen was geht immer noch ...«), schließlich zur Trauer und zum Annehmen. Kleine Schritte stehen am Anfang. Obwohl Arbeitssüchtige oft heimliche Aussteigerträume haben, können sie in der Regel nicht vollständig auf ihr Suchtmittel verzichten, sondern müssen es anders dosieren und Kontrollverluste vermeiden.

»Man gönnt sich ja sonst nichts«, lautet ein Werbeslogan für einen Schnaps, der sich implizit an Arbeitssüchtige richtet und unter anderem von einem inzwischen (früh) verstorbenen Schauspieler vorgetragen wurde, bei dem weitere Süchte wie zum Beispiel Fresssucht (Rolle »Gemütlicher Dicker«) erkennbar waren. Die findigen Werbestrategen haben einen völlig richtigen Punkt erkannt und für sich genutzt: Der Arbeitssüchtige möchte für sein gigantisches Pensum irgendwie belohnt werden. Gerade dabei entstehen weitere Süchte über kurzsichtige Entspannungsstrategien.

Seminare und Schulungen von Firmen sind zur Optimierung der Arbeitsleistung von Mitarbeitern gedacht. Kein Wunder, dass viele dann nicht mehr abschalten können: Erst kürzlich musste ich erleben, wie in einem Seminarhotel abends um halb zehn ein dickbauchiger, lautstarker Mann noch in der Sauna begann, über Konferenzen, Preise, Strategien etc. zu diskutieren. Ich versuchte einzuwenden, dass es sich in der Sauna um eine Oase der Ruhe handle ... Sein Gesprächs»partner« zwinkerte mir dankbar zu.

Der genesende Arbeitssüchtige muss wieder bereit sein, sich etwas zu gönnen, für sich etwas zu tun – genau im Sinne einer guten Mutter! Dazu muss er unter anderem Hilfsangebote aus seiner Umgebung annehmen, Geben und Nehmen in ein Gleichgewicht bringen. Wenn wieder gegenseitiges Vertrauen aufkommt und die Überzeugung abnimmt, dass es um einen unmittelbar bevorstehenden Hungertod ginge, tauchen im Leben der Arbeitssüchtigen neue beziehungsweise alte Perspektiven auf. Werte wie Mitmenschlichkeit und Liebe, Lebensfreude, Spiritualität und Kreativität. Oft ist das die Beendigung einer jahrzehntelangen Fron.

»Im Schweiße deines Angesichts ...« – Gewiss, aber wie gesagt: Wir leben nicht, um zu arbeiten, sondern arbeiten, um zu leben! Und – nicht zu vergessen – die wichtigsten Dinge im Leben sind umsonst.

Liebe, Arbeit und Wissen sollten unser Leben bestimmen, nicht Sex, Macht und Geld.

»Ich rauche gern!« – Das »Hobby« vieler Co-Abhängiger

Mit dem Slogan »Ich rauche gern!« wirbt die deutsche Tabakindustrie noch immer, unbehelligt von allen Einwänden. Wenn man so ein Plakat im Ausland zeigt, erntet man einige Verwunderung und Spekulationen darüber, mit welchem Wertesystem diese »Toleranz« verbunden ist. Die Werbeträger sind stets junge, hübsche, gesunde, schlanke Menschen, denen es mit der Zigarette XY angeblich besonders gut geht. Die Realität sieht anders aus: Wer als Nichtraucher – oder, noch schlimmer, als Exraucher – beobachtet, wie Raucher zwanghaft nach ihrem Suchtmittel greifen, sobald sie in Gesellschaft sind und/oder sobald sie mit irgendeinem Gefühl nicht zurechtkommen, kann die Süchtigen nur bedauern. Viel zu viele Kinder und Jugendliche ziehen ihr Selbstbewusstsein aus der Zigarette. Laut Aussagen ehemaliger Raucher haben Raucher aber *keines* mehr und gewinnen es erst wieder, wenn sie mit dem Rauchen aufgehört haben.

Nikotinsüchtige verpesten buchstäblich die Atmosphäre. Vielleicht hat sich deshalb das Image des Rauchens so verschlechtert, dass sich Raucher nicht mehr ganz so rücksichtslos verhalten können. In U-Bahnhöfen ist zum Beispiel das Paffen verboten. Das ist an den Verbotsschildern deutlich erkennbar. Wenn man aber eine Gruppe Jugendlicher anspricht und sie auffordert, das Rauchen zu unterlassen – »Die Luft hier unten ist schon schlecht genug!« –, erntet man neben höhnischen Blicken vielleicht den Kommentar, das habe ja noch *nie* jemand gesagt ...

Wahrscheinlich bin ich als Kind einer starken Raucherin voreingenommen. Vom ersten bewussten Moment an nahm ich wahr, wie jemand als Genuss, aber auch als Notwendigkeit das Suchtmittel Nikotin (und seine Begleitstoffe) zu sich nahm. Die Gefühlsmanipulation durch das Zigarettenrauchen entspricht der bei anderen Suchtmitteln – und nicht zufällig rauchen zum Beispiel extreme Trinker auch extrem viel, rauchen viele Essgestörte und nahezu alle Heroinabhängigen. Kein Suchtmittel scheint eine höhere Suchtpotenz zu haben, das heißt die Fähigkeit, den Menschen körperlich und psychisch an sich zu binden. Bei keinem anderen Suchtmittel gibt es so viele Menschen, die unbedingt damit aufhören wollen, und so wenige (etwa nur ein Drittel), die es tatsächlich schaffen. Wer unter Ihnen, den LeserInnen, es geschafft hat, von der verharmlosend »Glimmstängel« genannten Droge wegzukommen, dem/der kann man nur gratulieren!

Unter weiblichen Co-Abhängigen dürfte – neben dem Kaffee – die Zigarette das häufigste Suchtmittel sein. Die Co's, die unter meinen Patientinnen nicht rauchen, kann ich leicht an einer Hand abzählen. (In Wilders Film *Das verlorene Wochenende* raucht der kontrollierende bis anklagende Bruder. Sonst scheinen co-abhängige Männer aber eher selten zu rauchen.)

»Wer wird denn gleich in die Luft gehen?«

Vielleicht sollten Co-Abhängige häufiger mal in die Luft gehen, statt zur HB zu greifen oder zur Marlboro. Wieder finden wir hier das Motiv des unterdrückten Ärgers. Die Amerikaner sagen: »Smoke is for fear!«, das heißt, Rauchen steht für Angst ... Und TeilnehmerInnen meiner Seminare, die sich das Rauchen abgewöhnt hatten, berichteten, dass sie viel mehr lachen, seit sie nicht mehr rauchen. Die Zigarette scheint also viele Gefühle zu unterdrücken, vor allem aber eine innere Anspannung zu neutralisieren.

Die folgende bitterböse Zeichnung meines Kollegen Jan Tomaschoff zeigt eine fortgeschrittene Raucherin und Alkoholikerin. (Ob sie die Frau eines Alkoholikers ist, wissen wir nicht.) So kann also das Grüne-Witwen-Syndrom aussehen: Der Mann und die Kinder sind aus dem Haus. Der Fernseher wird angemacht, das Bügelbrett aufgestellt, im frühen Stadium der Piccolo, dann der Drei-Sterne-Cognac aufgemacht. Ach ja, und natürlich die Zigarette angezündet ...

Mit dem Piccolo hatte es angefangen ...

»Sterben tut man sowieso, doch schneller geht's mit Marlboro!«

Dieser Kindervers ist leider traurige Tatsache. »Die Folgen des Tabakkonsums, insbesondere des Zigarettenrauchens, gelten heutzutage in den meisten industrialisierten Staaten als die führende vermeidbare Todesursache ... Nach Erhebungen des Centers of Disease Control (Zentrum für Krankheitskontrolle, d.Verf.) mußten von 1990 bis 1994 in den USA insgesamt über 2 Millionen Todesfälle, ein Drittel davon bei Frauen, dem Konsum von Tabakprodukten zugeschrieben werden ... Das entspricht knapp 20 Prozent aller Todesfälle in diesem Zeitraum ... An erster Stelle der zugrunde liegenden Erkrankungen stehen beim Erwachsenen das Bronchialkarzinom, gefolgt von der koronaren Herzkrankheit und den chronisch obstruktiven Atemwegserkrankungen.« (*Deutsches Ärzteblatt* 96, Heft 33, vom 20. August 1999, S. A-2080 ff.; auch im Folgenden)

Dabei galten Rauchen und die Zigarette lange als unweiblich. Bis in die 30er-Jahre rauchten nur etwa zwei Prozent aller Frauen. Dann begann mit der Emanzipation auch das Paffen. Eine Vorreiterin, die schillernd bisexuelle und Medikamenten und dem Alkohol nicht abgeneigte Marlene Dietrich, gab Signale, die man in ihrer Heimat Deutschland nicht so gerne sah. »Die deutsche Frau raucht nicht!«, verkündeten die Nazis. Da war es schon zu spät. Nicht zufällig setzte sich der Trend der Zeit fort: Je mehr Befreiung, desto mehr Zigaretten. Auch Christiane F., die Protagonistin des Sachbuchbestsellers *Wir Kinder vom Bahnhof Zoo*, begann ihre Suchtkarriere in der frühen Pubertät mit der Zigarette: Um ein angehimmeltes erwachseneres Mädchen (»Sie hatte schon einen richtigen Busen.«) kennen zu lernen, wollte sie unbedingt in die Raucherecke ...

Heute entsteht manchmal der Eindruck, dass die Bevölkerungsgruppe am meisten raucht, die es am *wenigsten* tun sollte:

junge Frauen im gebärfähigen Alter. Dabei wurde nach vielen Jahren der Forschung erstmals festgestellt, dass im Urin von Neugeborenen rauchender Mütter »tabakspezifische Karzinogene« nachzuweisen sind. Vorher war schon klar: »Mütterliches Rauchen während der Schwangerschaft beeinflußt den Fetus und das neugeborene Kind negativ. Als gesichert gilt heute ein erhöhtes Risiko spontaner Aborte, vorzeitiger Plazentalösungen und einer intrauterinen Dystrophie (Mangelernährung, d.Verf.).« (*Deutsches Ärzteblatt* 96, siehe oben) Jetzt ist es endlich – für die Tabakindustrie leider – gelungen, »das biologisch-toxische Bindeglied zu neuesten Entdeckungen aus dem vergangenen Jahr herzustellen, die charakteristische Mutationen ... bei Neugeborenen passivrauchender Mütter haben nachweisen können.« (Ebd.) Das *Ärzteblatt* greift dabei auf eine aktuelle Tabakwerbung zurück, die fast wie ein Hohn auf das zitierte Forschungsergebnis wirkt: »Nobody makes them like my Mum does« – »Niemand macht sie so wie meine Mami«: angeblich laut Kindermund die selbst gedrehten Zigaretten.

Co-abhängige Säuglinge?

»Die meisten Frauen, die während der Schwangerschaft rauchen, setzen dieses Verhalten auch nach der Geburt des Kindes fort, so daß der bereits intrauterin belastete kindliche Organismus auch postnatal weiterhin den Karzinogenen des Tabakrauchs ausgesetzt bleibt.« Die Wissenschaftler folgern nüchtern: »Das stellt ein potentiell inakzeptables Risiko dar, und diese neuen Erkenntnisse und Hypothesen sollten unter anderem dazu beitragen, die leidige Diskussion um mütterliches Rauchen während der Schwangerschaft auf eine argumentativ noch bessere Basis zu stellen.« (Ebd.)

Kinder aus Raucherhaushalten erkranken doppelt so häufig an Bronchitis wie andere Kinder. Negative Effekte mütterlichen Rauchens sind noch bis zum 15. Lebensjahr nachzuweisen. Kinder im Mutterleib, Säuglinge und Kleinkinder können sich nicht wehren. Sie stellen mit Abstand die jüngste Gruppe der Co-Abhängigen. (Die entsprechenden Einflüsse von Alkohol sind in meinem Buch *Die Liebe und der Suff*... ausführlich beschrieben. Die Alkoholembryopathie ist seit vielen Jahren die häufigste Form von Schäden bei Neugeborenen.)

Zynische Zahlen

Götz von Laffert hat unter dem Titel *Rauchen, Gesellschaft und Staat* eine Analyse des Nikotinkonsums unter überwiegend ökonomischen Gesichtspunkten vorgelegt. Die deutliche Übersterblichkeit der Raucher – in Deutschland immerhin zwischen 90 000 und 140 000 Drogentote pro Jahr, vor allem im Alter zwischen 35 und 69 Jahren! – führt zu erheblichen Einsparungen im Kranken- und Rentenversicherungswesen. Außerdem verdient der Staat gigantisch am Rauchen. Die Einnahmen über die Tabaksteuer betrugen hierzulande etwa 1998 21,7 Milliarden DM, »die Exporteinnahmen Deutschlands aus der Ausfuhr von Tabakprodukten lagen 1993 bei 1,04 Milliarden US-Dollars«. (*Sucht* 45, Heft 4, S. 273; Rezension zu oben genanntem Buch) Dazu kommen Arbeitsplätze in der Herstellung und in der Werbung. Wieder einmal

---

Wann merkt der Raucher, dass es zu spät ist? Wenn es an der Tür klopft und eine Stimme sagt: »Come to Marlboro Country!«

scheint das individuelle menschliche Schicksal keine Rolle zu spielen. Immerhin kommt der Autor zu dem ungewöhnlichen Schluss, unsere Epoche des »exzessiven Zigarettenrauchens« werde eines Tages rückblickend in einer Gesamtschau aller wirtschaftlichen und sozialen Verluste zu einem »historischen Lehrbeispiel für eine soziale Katastrophe avancieren«. (Ebd., S. 274) Dem ist nichts hinzuzufügen.

Medikamente – legale Drogen: Lösung von Scheinproblemen oder Scheinlösung von Problemen?

Unter Co-Abhängigen dürfte es eine beträchtliche Zahl besonders von Frauen geben, die von Benzodiazepinen abhängig sind, das heißt valiumähnlichen Medikamenten. »Die Gefahr dieser Substanzen«, so sagte einmal ein Internist in einer Fernsehsendung, »liegt in ihrer Wirksamkeit. Schon nach wenigen Einnahmen spüren die Betroffenen, dass sie sich wohler fühlen, angstfreier, entspannter, kurz, wie auf einer rosa Wolke.«

Vor Jahren hat Winfried Göpfert aus Berlin für den *Ratgeber Gesundheit* der ARD auf meinen Vorschlag hin ein Experiment zum Verschreibungsverhalten von Ärzten gemacht: Eine Frau, Ende 30, wurde mit einem fingierten klassischen Symptombild in verschiedene Praxen geschickt: Partnerprobleme, Schlafstörungen, allgemeine Anspannung ... Die meisten »Patienten« kamen nach wenigen Minuten aus der Sprechstunde und zeigten ein Rezept vor, auf dem auch, oft ohne entsprechende Aufklärung, ein Benzodiazepin enthalten war. Die Ärztekammer Berlin reagierte auf den Fernsehbericht ärgerlich und nervös. Andere Kammern wie zum Beispiel Hamburg hatten da schon ganz andere Saiten aufgezogen. Sie warnten und verklagten zur Not auch Ärzte, die auffällig häufig und viel »Benzos« verschrieben hatten.

Noch als Student hatte ich die erste Begegnung mit dem Potenzial von »mother's little helper« (»Mutters kleine Helfer«, wie die Rolling Stones sie in einem ihrer Lieder nannten). Ein Landarzt mit einer großen Scheinzahl kündigte mir an, er werde auf den nächsten Rezepten jeweils alle notwendigen Substanzen aufführen, nur das »Benzo« »vergessen«. »Sie werden sehen, was passiert!« Nun, alle diese PatientInnen kamen postwendend wieder zur Tür herein und beklagten sich: »Herr Doktor, Sie haben was vergessen!« Bei anderen Medikamenten funktionierte der Mechanismus so nicht ...

Warum können in Ärztezcitschriften ganzseitige Anzeigen erscheinen, die allen Ernstes (wenige Seiten nach der Werbung für das Präparat »Adumbran« »Die Angst entweicht ...«) für das Medikament »Lexotanil« folgende »Produktinformation« enthalten: »Aufwind für die Psyche – Lexotanil 6 – bei nervösen Reiz-, Überforderungs- und Erschöpfungs-Syndromen«, »Anxiolyse (Angstlösung), Stimmungsaufhellung, Entspannung, Antriebsförderung, Beruhigung, Kontaktverbesserung«? In anderen Propaganda-Aktionen wird auch die »Midlife-Crisis« als Indikation angeführt. Diese Substanzen sollte man doch dringend ins Trinkwasser einspeisen, damit es uns allen besser geht ...!

Das Professoren-Ehepaar Poser weist in seinem hervorragenden, auch für Laien gut lesbaren Buch *Medikamente: Mißbrauch und Abhängigkeit* darauf hin, dass schon vor dem unvergleichlichen Siegeszug der Benzos ab 1959, der von ihrem Entdecker Leo Sternbach »gern und oft erzählt« worden ist, der Schriftsteller Aldous Huxley in seinem berühmten Buch *Brave New World* (»Schöne neue Welt«) von 1932 die Tranquilizer in seinem »Soma« vorweggenommen hat, einer mythischen Substanz, »die

die Arier in grauer Vorzeit bei ihrer Wanderung durchs Industal mit nach Indien brachten«. (S. 129)

Aus dem nachfolgenden Huxley-Zitat wird deutlich, dass »Soma« oder Librium (von Equi-librium = Gleichgewicht!) oder ... oder ... geradezu ideale Substanzen für die Angehörigen von Suchtkranken darstellen: zur Beseitigung ihrer Ängste und zur Abschwächung ihrer Aggressionen durch die Abschirmung in einer rosa Wolke.

»Lenina trocknete sich die Augen und ging über das Dach zum Aufzug. Auf der Fahrt ins siebenundzwanzigste Stockwerk hinab zog sie ihr Somafläschchen hervor. Ein Gramm, entschied sie, genügte nicht; ihr Kummer wog schwerer als ein Gramm ... Sie wählte den Mittelweg und schüttete drei Halbgrammtabletten in die hohle Linke ...

Gierig verlangte sie immer häufigere, immer größere Mengen. Doktor Shaw erhob anfangs Einwände, dann gab er ihr nach. Sie gelangte bis auf zwanzig Gramm täglich. Sollte sich durch einen unglücklichen Zufall wirklich einmal etwas Unangenehmes ereignen, dann gibt es Soma, um sich von der Wirklichkeit zu beurlauben. Immer ist Soma zur Hand, Zorn zu besänftigen, einen mit seinen Feinden zu versöhnen, Geduld und Langmut zu verleihen. Früher konnte man das alles nur durch große Willensanstrengung und nach jahrelanger harter Charaktererziehung erreichen. Heute schluckt man zwei, drei Halbgrammtabletten, und damit gut! Jeder kann heutzutage tugendhaft sein. Man kann mindestens sein halbes Ethos in einem Fläschchen bei sich tragen. Christentum ohne Tränen – das ist Soma.«

Der physiologisch und biochemisch offenbar geschulte Autor hat hier einen Aspekt betont, der in vielen Darstellungen über die Benzodiazepin-Abhängigkeit zu kurz kommt: die »Linderung« von Aggression. (Auch Kampfstieren gibt man manchmal Valium, um die Matadore zu schonen ...) Die Tranquilizer haben neben ihren Hauptwirkungen der Angstlösung, Beruhigung, Muskelentspannung und Krampfhemmung vor allem auch die Nebenwirkung, aggressionsfrei zu machen. Deshalb sind viele Männer ganz zufrieden, wenn ihre Frauen zu Hause sind und fleißig Valium oder Ähnliches schlucken, während sie draußen ihrer Karriere und anderem nachgehen können.

Im Übrigen sind Männer oft Co-Abhängige von medikamentenabhängigen Frauen, während diese oft von ihren arbeitssüchtigen und alkoholmissbrauchenden Männern abhängig und co-abhängig sind.

Reziproke Co-Abhängigkeit

Für diese wechselseitige Form von Abhängigkeit habe ich den neuen Begriff der reziproken Co-Abhängigkeit geprägt. Was hier zu welchem Zeitpunkt Henne, was Ei ist, bleibt oft unklar. Jedenfalls sind Frauen mit Benzos oft besser zu »ertragen« als ohne, wenn sie zum Beispiel plötzlich entdecken müssen, dass ihre Interessen grob missachtet wurden.

Tranquilizer – Drogen für Frauen und für ältere Menschen

Im Gegensatz zur Droge Alkohol, die mit Männern und Männlichkeit identifiziert wird (obwohl die Frauen erschreckend aufholen), sind die Beruhigungsmittel, besonders die Tranquilizer, typisch »weibliche« Drogen. (Im englischen Sprachgebrauch heißen Drogen wie Medikamente einheitlich »drugs«, womit deutlich wird, dass »Drogen« wie beispielsweise auch Kokain und Heroin stets aus dem legalen Bereich kommen.)

ÄrztInnen, die überdurchschnittlich häufig selbst zu Benzos greifen, unter anderem, weil sie den direkten Zugriff haben, verschreiben überwiegend für Frauen und für ältere Menschen, die dadurch die große Mehrheit der Abhängigen bilden. Ein wesentliches Problem der Benzos ist ihre Eigenart, je nach Substanz und Halbwertszeit im Körper zu akkumulieren, das heißt sich anzuhäufen. Dadurch entstehen beim Entzug im Sinne eines Umkehreffekts genau *die* Symptome verstärkt, gegen die das Präparat verschrieben wurde.

Häufig handelt es sich um eine so genannte Low-dose-Abhängigkeit, das heißt um eine Sucht auf einer relativ niedrigen Mengenebene, ohne dass es zu einer Dosissteigerung kommen muss. Aber auch das ist bedenklich. Verglichen mit Alkohol hat das soziale Umfeld oft größere Probleme, ein Benzo-Problem zu identifizieren, da man Medikamente nun einmal nicht riechen kann. Unter diesen Stoffen »funktionieren« viele Frauen hervorragend, das heißt wie Marionetten. Nur der emotionale Zugang fehlt zunehmend. Alle Gefühle sind, wie bei anderen Süchten, gedämpft beziehungsweise stark verändert. Das beschreibt auch Barbara Gordon in ihrem autobiographischen Buch *Ich tanze so schnell ich kann*, wo das Thema hoch ambivalenter weiblicher Narzissmus nicht zu kurz kommt.

Der Medikamententest

Um Menschen, die selbst in ein Medikamentenproblem hineingerutscht sind, Hilfe anzubieten, aber auch den Angehörigen, haben die Posers zwei Tests entwickelt. Diese sind im Anhang auf S. 213–216 wiedergegeben, weil besonders bei Medikamenten Abhängigkeit und Co-Abhängigkeit ineinander greifen.

Andere Medikamente und Süchte

Aus gutem Grund haben wir uns hier vor allem auf die Tranquilizerproblematik konzentriert. Natürlich gibt es aber noch andere Substanzen und Substanzgruppen, die eine Abhängigkeit hervorrufen können, wie die Amphetamine (darunter die Appetitzügler), die Opioide (Morphin, Heroin etc.) und Schmerzmittel anderer chemischer Eigenart. Das haben Poser und Poser in ihrem zitierten Buch ausführlich dargestellt.

Im Übrigen muss hier einmal etwas zur Verteidigung der ArztkollegInnen gesagt werden: Fast wöchentlich berichten Frauenzeitschriften oder andere Medien über die Gefahren der Medikamentenabhängigkeit. Bücher wurden zu Verkaufsschlagern, zum Beispiel *Bittere Pillen*. Wer also zum Abnehmen (unsinnigerweise) Appetitzügler nimmt oder sich beim überforderten Hausarzt Benzos wünscht, handelt eigenverantwortlich.

Ersatzdrogen

Alle Eltern von Drogenabhängigen kommen über kurz oder lang mit der Tatsache in Berührung, dass ihre Kinder neben den Hauptsubstanzen, zum Beispiel Heroin oder Kokain, fast stets andere Mittel einnehmen, um ihr seelisches Gleichgewicht sorgfältig auszutarieren. Unter der gut gemeinten, aber längst nicht immer gut praktizierten Substitution mit Methadon beziehungsweise Polamidon, die eigentlich der Einstieg zum Ausstieg sein sollte, findet regelmäßig ein so genannter Beigebrauch statt, da die Substitutionsmittel nicht den Kick bieten und auch Nebenwirkungen haben. (Nirgendwo wird meiner Meinung nach so gelogen wie im Substitutionsbereich. Als Leiter einer Suchtklinik wusste ich meistens, wie viel für einen »sauberen« Urin gezahlt wurde.)

Groteskerweise spielt hier ein Präparat die Hauptrolle, das so genannte Fluni (für »Flunitrazepam« oder Rohypnol), dessen Markteinführung ich 1978 noch während meiner Tätigkeit in der Inneren Medizin erleben konnte: Endlich habe man eine Substanz gefunden, die nicht abhängig mache. Schon damals wagte ich einzuwenden, dass eine Tablette, die man bei Schlafstörungen möglichst schon auf der Bettkante einnehmen solle, sich doch zum Missbrauch bestens eignen muss! Wenige Wochen später wurde (und wird bis heute) Rohypnol zum Beispiel im Englischen Garten in München unter Drogenabhängigen benutzt und gehandelt. Es ist seit Jahren Spitzenreiter in der Ersatzdrogen-Statistik.

Adipositas – nicht nur ein Schönheitsfehler
Magersucht – lebensgefährlich

Unter Co-Abhängigen findet man in einem hohen, bisher nicht durch exakte wissenschaftliche Zahlen belegbaren Anteil Übergewichtige. Vor allem Frauen, die Partnerinnen von Alkoholikern sind, bekämpfen ihren Frust in menschlicher und im engeren Sinne in sexueller Hinsicht allzu oft mit vermehrtem Essen bis hin zur Fresssucht. Für den Konsum von Lebensmitteln gilt vieles, was auch bezüglich des Alkohols zutrifft: Wir leben in einem in der Geschichte der Menschheit beispiellosen Luxus. Das ist uns Wirtschaftswunderkindern nicht immer klar. Lebensmittel aller Art bieten sich geradezu als klassische Suchtmittel an.

»Schokolade, Sahnetorte, Chips, Flips und Snacks üben für viele Menschen eine unwiderstehliche Anziehungskraft aus. Stress, innere Unruhe und andere psychisch belastende Situationen führen häufig dazu, dass diese Personen sich erst einmal ein

Stück Schokolade oder Kuchen leisten. Die Folge: Es stellt sich ein wohliges Gefühl ein, der Appetit ist beseitigt, der Süßigkeiten-Esser wird etwas schläfrig, weniger schmerzempfindlich und ängstlich, ist einfach ›besser drauf‹. Diese Effekte beruhen auf einer vermehrten Serotoninausschüttung im Gehirn, vermittelt durch eine verstärkte Aufnahme von Tryptophan.« (*psycho* 25, 1999, Nr. 6, S. 356)

Jetzt wissen wir es also. Menschen, die starken Stimmungsschwankungen ausgesetzt sind – zum Beispiel Co-Abhängige –, lernen, dass diese »effektiv mit einer Tafel Schokolade, einer Tüte Chips oder Sahnetorte zu beheben sind. Dies kann so weit führen, dass jede Stimmungsschwankung (wie bei anderweitig Süchtigen, d.Verf.) mit dieser unbewussten Reaktion beantwortet wird. Sensible Menschen mit einem unzureichenden Repertoire zur Bewältigung von Belastungen sind besonders gefährdet.« (Ebd.)

In Deutschland gelten 50 Prozent der Erwachsenen als übergewichtig. Jeder Zweite hat einen so genannten Bodymaß-Index (BMI) von 25 bis 29,9. 16 Prozent haben einen BMI von über 30 und sind damit dringend behandlungsbedürftig, ganz zu schweigen von einem Prozent erwachsener Bundesbürger mit einem BMI über 40. (*Ärzte-Zeitung* 208 vom 16. November 1999, S. 11)

Nun ist Übergewicht, Adipositas oder »Fettsucht« kein harmloser Schönheitsfehler: »Ein moderater Gewichtsverlust von knapp zehn Kilogramm geht nach den vorliegenden Daten mit einer Abnahme der Gesamtmortalität (Sterblichkeit) um relativ 20 Prozent einher, die Diabetes-bedingte Sterblichkeit sinkt um etwa 40 Prozent und die durch Karzinome um 37 Prozent.« (!)

Die Zivilisationskrankheit Fettsucht kostet aber nicht nur Menschenleben, sondern auch Geld im Gesundheitswesen. Laut Schätzungen des hier zitierten Internisten Andreas Hamann (auf dem »Lifestyle-Symposium« der Universität Heidelberg) sind das 35 Milliarden DM pro Jahr. Wie im Suchtbereich liegt auch hier ein Mangel an einschlägiger Forschung vor.

Wie wichtig die Gewichtsabnahme als Gesundheitsziel ist, zeigt das Beispiel des Bluthochdrucks: Die Hälfte aller adipösen Patienten leidet unter eine Hypertonie, im umgekehrten Schluss findet man bei Hypertonikern ebenso fast 50 Prozent Fettsüchtige. Über den erhöhten Tonus des Sympathikus, der im vegetativen, das heißt unwillkürlichen Nervensystem die Seite von Angst und Aggression vertritt, entsteht ein Risiko für viele Folgekrankheiten wie Arteriosklerose, Herzinfarkt, Diabetes mellitus (Zuckerkrankheit) etc.

Fettsucht soll keine Sucht sein?

Neuerdings legen einige Wissenschaftler Wert darauf, dass man die Essstörungen, das heißt auch die Anorexie und Bulimie, nicht zu den Süchten zählen solle. Das ist mir völlig unverständlich. In der Vorgeschichte späterer Alkoholikerinnen findet man zum Beispiel sehr oft Essstörungen der einen oder anderen Art. Außerdem haben Süchtige aller Art ein manchmal stark gestörtes Verhältnis zu ihrem eigenen Körper. Gerade Fettsucht ist als Begleitsucht anderer Abhängigkeiten häufig zu beobachten. So habe ich mehrere männliche Anorektiker oder Bulimiker gesehen, die gleichzeitig Alkoholiker waren – angeblich eine Seltenheit.

Eine Patientin mit einer 17-jährigen Tochter, die ihr viel zu dick vorkam, in Wirklichkeit dem rubensschen Schönheitsideal aber bei weitem nicht genügt hätte, war mit über 40 magersüchtig und alkoholabhängig. Sie stand wegen eines Mannes, der (auch bezüglich seiner Risikofaktoren) große Ähnlichkeit mit einem früheren bayerischen Ministerpräsidenten hatte, in heftiger Konkurrenz zu zwei Schwestern, die wiederum auf spezielle Art die Verbindung von Essproblematik und Alkohol zum Ausdruck brachten. Angeblich aus einer unauffälligen Familie stammend, fingen sie schon in der Pubertät mit gemeinsamen Diäten an. Später entwickelten beide einen schweren Alkoholismus. Wenn sie abstinent waren, neigte die eine dazu, mager zu werden, was allerdings Fress- und Kotzattacken mit Eis einschloss. Die andere kämpfte lange Zeit mit Übergewicht. Später entdeckte sie zur Verlagerung ihrer Sucht das Kaufen, bis ihr Konto von der Bank gesperrt wurde.

Gesundheitsvorsorge – im Bereich des Essens eine Illusion?

»Die primäre Prävention im Kindesalter ist schwer durchzusetzen gegen den Wohlgeschmack (und das Image, d.Verf.) von Gummibärchen, Mars, Softeis, Coca-Cola und Pommes frites und gegen den technischen Fortschritt (Mobiltelefon, TV-Fernbedienung)«, resümiert Dr. Krause in einem Leserbrief an das *Deutsche Ärzteblatt* zur Prävention der Adipositas. (*Deutsches Ärzteblatt* 95, 51–52, vom 21. Dezember 1998, S. A-3299) Viele Kohlenhydratsüchtige weisen zu den regelmäßigen Mahlzeiten ein völlig normales Essverhalten auf. Erst gegen Abend beginnen sie, oft 800 Kalorien oder mehr in Form von Snacks zu verzehren. – Kennen Sie das von irgendwoher? Vielleicht sollten Sie sich dann einmal mit dem Fragebogen zu Essstörungen (S. 217 f.) beschäftigen!

Es ist für mich erstaunlich, dass der Alkohol in vielen Präventionsmaterialien nicht vorkommt, obwohl er für nicht wenige Fresssüchtige eine wichtige »Ergänzung« beziehungsweise manchmal den Motor für weiteres Essen darstellt. Alkoholische Getränke werden in der Diätlehre als leere Kalorien gezählt. Der Standpunkt, man solle wegen der Sehn-Sucht nach Kohlenhydraten die »Dickmacher« Kartoffeln etc. meiden, scheint mir nicht mehr aktuell zu sein. Bei Diäten, bei denen lediglich die Fettzufuhr beobachtet, registriert und eingeschränkt wird und gleichzeitig unbegrenzt Kohlenhydrate, auch Zucker, zugeführt werden, werden sehr viel bessere, vor allem dauerhaftere Ergebnisse erzielt als mit allen anderen Diätformen.

Nettes statt Fettes

Nach meiner Überzeugung geht es hauptsächlich darum, zufrieden zu sein. Wie bei anderen Süchten ist der zufriedene Mensch am wenigsten gefährdet, rückfällig zu werden in alte, schlimme Gewohnheiten. Wer mit Freude wohlschmeckende Lebensmittel verzehrt, ist auf dem richtigen Weg. Gerade das Verhalten, bei den Mahlzeiten »anständig« zu essen, macht dagegen dick. Man sollte vielmehr den eigenen inneren Richtungen folgen und nur das essen, worauf man wirklich *Lust* hat. Das kann auch morgens zum Frühstück ein Kuchen sein, sogar mehrere Stücke! Wer brav eine Semmel isst, obwohl ihm gar nicht danach ist, schleicht wahrscheinlich eine Stunde später um das Stück Kuchen herum und verschlingt es dann mit schlechtem Gewissen ...

Für eine von Arbeit geplagte Mutter kann das auch heißen, nicht nebenher »schnell was« zu essen, während die Familie irgendwelche Ansprüche geltend macht, sondern eins nach dem andern zu erledigen, ganz in Ruhe. Derartige Verhaltensänderungen sind langfristig notwendig, um eine Gewichtszunahme zu vermeiden.

»Schützt Stillen vor Übergewicht? Langes, ausschließliches Stillen vermindert das Risiko für Übergewicht im Schulalter, so das Ergebnis einer Münchner Studie. Bei der Untersuchung von 9 357 Kindern in Bayern fanden die Münchner Kinderärzte, daß die Gruppe der für einen Zeitraum von 3–5 Monaten nach der Geburt gestillten Kinder um mehr als ein Drittel seltener Übergewicht im Schulalter aufwiesen als früher nicht gestillte Kinder.«
(»Jatros Neuro«, Heft 15, 1999, S. 10)

Diäten machen dick

Die meisten Diäten machen mittel- und langfristig dick. Das hören die Verfasser der vielen, vielen Diätbücher natürlich nicht gerne, aber es stimmt trotzdem. Praktisch alle Diäten führen, solange sie einseitig und radikal sind und keine Verhaltensänderung bewirken, auf Dauer zu mehr Pfunden als zuvor. Der Jo-Jo-Effekt wurde uns ja von unserem Exkanzler Helmut Kohl vorgeführt. Auch Politiker sind nur Menschen ...

Ein anderer Politiker, der sich seinem gesinnungsmäßigen Antipoden äußerlich immer mehr annäherte, hat inzwischen eine radikale Kehrtwende vollzogen. Der derzeitige deutsche Außenminister Joschka Fischer beschrieb in einer Artikelserie im *Stern* seinen Weg unter dem Druck des Amtes von einem sportlichen jungen Mann zum Fettmonster und zurück (inzwischen auch in seinem Buch *Mein langer Lauf zu mir selbst* nachzulesen). Es ging immerhin um die Kleinigkeit von 37 Pfund! Wer vor wenigen Jahren mit ihm hätte wetten wollen, dass er eines Tages fast 20 Kilo weniger wiegen und mit über 50 Jahren noch einen Marathonlauf bestreiten würde, den hätte er sicher ausgelacht. Aber es kam anders: »Es war nicht nur meine Ehe gescheitert, ich stand mit meiner ganzen Lebensführung, mit meinem Umgang mit mir selbst vor einem unmittelbar drohenden Debakel. Buchstäblich in einem Augenblick mußte ich mich entscheiden: weitermachen wie bisher oder eine radikale Umkehr ... Denn die 112 Kilo waren nur der sichtbare Ausdruck einer persönlichen Krise, die viel umfassender war und tiefer reichte, als ich bis dahin gewagt hatte, mir einzugestehen. Ergo konnte es nicht nur ums Abnehmen gehen, sondern es stand weitaus mehr zur Disposition. Ich mußte meine bisherige Art zu leben, mich also vor allem selbst umkrempeln, ohne mich dabei aufzugeben oder gar zu verlieren – ja, und es hat funktioniert.« (*Stern* 43/1999, S. 32)

Warum einfach, wenn es auch kompliziert geht?

Die einfachste Diät, das wird viel zu selten erwähnt, ist der völlige Verzicht auf Alkohol. Ich habe das schon so häufig in meiner Praxis mit eigenen Augen erleben können, dass ich es als Patentrezept weitergeben möchte. Den Weg in beide Richtungen demonstrierte mir neulich eine Frau, die schwergewichtig ihre Therapie bei mir begonnen hatte, dann radikal und ohne jede Mühe abnahm. Schließlich erschien sie wegen erneuter Probleme wieder bei mir – und obwohl sie geschickt angezogen war, musste ich mich sehr zusammennehmen, um mein Erschrecken nicht zu zeigen. Ihre Stupsnase verschwand in einem aufgedunsenen Gesicht, die vorher ansehnliche Figur in weiten Gewändern ...

Wie bei allen Süchten: Es fehlt schon an der Ausbildung

Ein Schwachpunkt bleibt die ernährungsmedizinische Ausbildung von Medizinstudenten. Ernährungsmedizin ist derzeit weder Lehr- noch Prüfungsfach. Die Bundesärztekammer setzt sich für Verbesserungen ein und empfiehlt die »Einführung einer Pflichtausbildung der Medizinstudenten in Ernährungsmedizin«. Aber es scheint zu dauern: Schon beim »Deutschen Ärztetag 1992 wurde dies als Forderung an die Universitätskliniken formuliert«. So Professor Peter Schauder von der Akademie für Ernährungsmedizin Hannover im Schlusssatz seines Artikels im *Deutschen Ärzteblatt* 15, vom 16. April 1999.

Auch hier sieht man wieder, wie weit sich unser Fach von unserem offiziellen Urvater Hippokrates entfernt hat, für den diätetische Ansätze ein wichtiger Anteil seines insgesamt psychosomatischen Therapiemodells waren.

Krebs durch Fehlernährung

Wenn 37 Prozent aller Krebserkrankungen ernährungsbedingt sind – so das *Deutsche Ärzteblatt* 96, 15, vom 16. April 1999 –, dann müssen wir mehr Initiativen bezüglich der Prävention entwickeln. (Andere Schätzungen gehen sogar von noch höheren Werten aus!) Aber auch die WHO, die Weltgesundheitsorganisation, scheint sich hier schwer zu tun. Unter den 38 Zielen, die 1984 formuliert wurden als Vorgabe für den Millenniumswechsel, war unter Ziel Nr. 16 zu lesen: Es »sollte in allen Mitgliedsstaaten das positive Gesundheitsverhalten wesentlich gestärkt werden, wie ausgewogene Eßgewohnheiten, Nichtrauchen, geeignete körperliche Betätigung und positive Streßbewältigung.« Der WHO-Generalsekretär Dr. Jo Eirik Asvall skizzierte unter anderem folgendermaßen, wie die wunderbaren Ziele erreicht werden sollen: »In der Erziehung muß dafür gesorgt werden, daß die Menschen dazu motiviert werden, gesunde Nahrungsmittel zu kaufen und sich gesunde Eßgewohnheiten zuzulegen. Eine solche Entwicklung wird sich positiv auf die Gesundheit der Europäer auswirken. Dies ist eine deutliche Herausforderung an alle Regionen, an die europäischen Bauern, an die europäische Lebensmittelindustrie, an Restaurants, Cafeterias und Schnellimbißketten, an Gesundheitsberufe, Lehrer, Diätetiker und Köche und letztlich an jeden unter den 850 Millionen Europäern, der zu Hause kocht.«

Der Kommentar der deutschen Ernährungsfachleute ist knapp und ernüchternd: »Gemessen an der unverändert hohen Prävalenz und Inzidenz ernährungsabhängiger Krankheiten ist das Programm gescheitert.« (*Deutsches Ärzteblatt* 96, 15 [s.o.], S. A-977; auch im Folgenden) Das liege auch daran, dass kaum Ärzte an dem Programm beteiligt waren.

Inzwischen mussten wir feststellen, dass zum Beispiel die Quote der Raucher unter den Jugendlichen wieder erheblich zugenommen hat, zwischen 1992 und 1997, in fünf Jahren, um stolze fünf Prozent. Hier ticken also neue Zeitbomben, die die oben genannte erschreckende Quote von 37 Prozent letztlich vermeidbarer Krebserkrankungen noch steigern könnten: Die Zunahme des Durchschnittsgewichts bei Schulanfängern in den neuen Bundesländern betrug innerhalb von 20 Jahren zwei Kilo.

»Aufgabe der Ernährungsmedizin ist es (deshalb), Gesundheit durch Nahrungsmittel und Nährstoffe zu bewahren, zu verbessern und wiederherzustellen. Die Schwerpunkte ernährungsmedizinischer Tätigkeit sind Prävention und Therapie ernährungsabhängiger Krankheiten ... In nahezu allen Teildisziplinen der Medizin, besonders der Allgemeinmedizin, Inneren Medizin, Kinderheilkunde und Chirurgie, aber auch in der Dermatologie, Pulmologie, Neurologie, Psychiatrie, Frauenheilkunde und Zahnheilkunde werden Menschen mit ernährungsmedizinischen Problemen betreut.«

Die Psyche ist das Entscheidende

Die reine, um nicht zu sagen chemisch reine Betrachtung der Probleme führt in diesem Feld überhaupt nicht weiter. Offenbar gibt es zu viele Wissenschaftler auf diesem Gebiet, die von allem, bloß nicht vom Suchtcharakter vieler ernährungsbedingter Erkrankungen sprechen wollen. Will man den armen Betroffenen ersparen, dass sie vielleicht unbewusste, völlig irrationale, *gefühls*bedingte Motive haben, ihr Verhalten trotz besserer Einsicht fortzusetzen? Auch in Diabetes-Diätschulungen überrascht immer wieder der nicht emotionale, nur auf das technische Gehirn gerichtete Ansatz.

Es geht um *Lust* und die *Vermeidung von Unlust*! Veränderung beginnt, wenn man so will, in der Gehirnrinde – aber nur dann, wenn sie von den Zentren an der Hirnbasis, die Lust, Angst und Unlust steuern (limbisches System), nicht irritiert wird.

Das Liebste im Leben

Wer einmal die ungeheure Kraft und Energie erlebt hat, mit der knochendürre Anorektikerinnen an ihrer Störung festhalten, obwohl sie zu etwa drei bis zwölf Prozent an ihrer Krankheit sterben können, findet hier die Bestätigung für das, was ich gerade gesagt habe. Viele Betroffene sehen das Magersein als absolutes Glück, als Befriedigung aller bisher unerfüllten Wünsche.

Monika Gerlinghoff lässt in ihrem Buch *Magersüchtig* (vgl. Literaturverzeichnis) einige Betroffene selbst zu Wort kommen: »Hungern war etwas, was mir allein gehörte, das niemand beeinflussen konnte, etwas an meiner Persönlichkeit, das mir Kraft verlieh. Und ich mußte es mit niemandem teilen. – Es ist schwer zu beschreiben: Das Gefühl stellte sich ein, wenn ich nicht zunahm, und verstärkte sich bei Abnahme. Nahm ich zu, war mir, als würde man mir das Liebste, was ich auf dieser Welt besaß, entreißen. Die Magersucht war mir Ersatz für Liebe, Ersatz für alles.« Ersatz natürlich auch für Sexualität, wie zu Recht von Freud vermutet. Diese Patientinnen können erst als geheilt angesehen werden, wenn sie in diesem Bereich ihre Rolle einzunehmen beginnen.

Der Bericht einer anderen Anorektikerin hört sich ebenfalls an wie von Christiane F., also von einer Drogenabhängigen unter ihrem Lieblingsstoff: »Ich wurde immer glücklicher. Glücklicher, je größer der Zwischenraum zwischen den Schenkeln wurde, je knochiger mein Körper, je schmerzhafter das Sitzen, je weiter meine Kleidung, je tranceartiger mein Zustand.«

Ich hatte das zweifelhafte Vergnügen, einige der hier Zitierten neurologisch mit der Elektromyographie zu untersuchen. Sie wirkten in der Tat alle nicht wie todkranke, sondern wie besonders glückliche Menschen.

Co-Abhängigkeit auch bei Essstörungen?

Selbstverständlich sind Magersüchtige in der Lage, ein Umfeld von Co-Abhängigkeit zu erzeugen. Eine Betroffene berichtet: »Ich wurde wesentlich selbstsicherer durch mein Hungern. Endlich hatte ich etwas, was mir meine Stärke und Konsequenz bewies. Ich konnte mich fühlen und war zu etwas Besonderem geworden. Die Sorgen meiner Eltern, auch ihre Wut, gaben mir ein Gefühl der Geborgenheit. Ich hatte endlich ein sichtbares Zeichen für ihre Liebe. Bei Gleichaltrigen war ich auf einmal Mittelpunkt, etwas Besonderes, geheimnisvoll. Danach hatte ich mich gesehnt in all den Jahren, in denen ich abseits stand.«

Models sind zu dünn

In Frauenzeitschriften wird dauernd über Schönheitsideale diskutiert. Gleichzeitig sind die Ratgeberecken voll von Themen, die sich mit Essverhalten beschäftigen. Die Seiten dazwischen, die finanziell den redaktionellen Teil tragen, zeigen ständig Models, die völlig unnatürlichen Idealen entsprechen. Etwa 70 Prozent der mehr oder minder ausgezogenen Girlies müssten dringend zulegen, da sie sich in einem kritischen Gewichtsbereich befinden.

Wann ist eine Frauenzeitschrift mal mutig genug, mit dem ganzen Unsinn aufzuräumen??? Man, das heißt Frau, kann zum Beispiel nicht superschlank sein und gleichzeitig einen Riesenbusen haben. Wer eine Zeit lang auf der Plastischen Chirurgie assistiert hat, kann optisch gut unterscheiden, ob es sich hier um Silikon oder um Natur handelt. Sicher sehen gut gemachte Implantate manchmal anziehend und sexy aus, aber sie täuschen Träume vor, die nicht erreichbar sind.

Das setzt sich fort in ach so sinnlichen unterspritzten Lippen, Hollywood-Näschen, fettabgesaugten Oberschenkeln etc. etc. Und wenn das Model nicht ätherisch genug wirkt, hilft der Computer nach, der die dünnen Beine noch ein bisschen länger zieht ...

Der pathologische weibliche Narzissmus schlägt voll durch. Das innere Elend kümmert niemand. Erst wenn ein Supermodel wie Kate Moss auspackt über ihre Neigung nicht nur zu Salatblättern und Kaffee, sondern auch zu Alkohol, Kokain und Magersucht, wird die Öffentlichkeit für einen Moment wach.

Cola – Koffein, Farbstoff und Zucker

Ein starr blickender morphiumabhängiger Mister Pemberton erfand 1886 die erste Rezeptur von Coca-Cola, als er nach einem Mittel suchte, von seiner Morphiumsucht wegzukommen. Durchaus sinnvoll spekulierte er auf das Kokablatt und seine Inhaltsstoffe, setzte Alkohol hinzu und hatte damit die Vorstufe des heute weltweit populären Lebensmittels. Von seiner Sucht gezeichnet, verkaufte er dummerweise seine Unterlagen an einen strenggläubigen Kapitalisten und Methodisten (im Kalvinismus kein Gegensatz!) und starb mit 57 Jahren völlig mittellos.

Den Alkoholanteil entfernte man bald wieder, das Kokain blieb jedoch noch eine ganze Weile, das heißt bis 1904, im Coke. Auch heute noch ist hier im englischen Sprachgebrauch kein

Unterschied zu finden. Immerhin sind Kokainblätter immer noch Bestandteil der strikt geheim gehaltenen Mixtur. Nur das Kokain wird herausgefiltert ... Man vermutet übrigens, dass es nicht mit rechten Dingen zugegangen sein soll, als die strenge Lebensmittelbehörde der USA, die FDA, davon zu überzeugen war, dass Coca-Cola ein harmloser Softdrink sei. Ein wesentlicher Grund für den Erfolg von Coke war der Glaube der Konsumenten, das Getränk in der sexy Flasche müsse (im prüden Amerika) etwas mit Sünde zu tun haben.

Ganz sicher ist die suchtfördernde Wirkung von Coca-Cola und seinen vielen Konkurrenten. Diese entsteht durch den hohen Zuckeranteil von über zehn Prozent und vor allem durch das Koffein. Dass man sich nach einer Cola häufig besser fühlt, hängt sicher damit zusammen. Lässt man das süße, heftiges Aufstoßen verursachende Getränk weg, leidet man bei Gewöhnung unter dem Koffein-Entzugskopfschmerz ...

In Propagandafeldzügen mit Kosten von jährlich etwa einer Milliarde Dollar liefern sich in den USA die beiden Hauptkonkurrenten Coca-Cola und Pepsi (der Name stammt vom Verdauungsenzym Pepsin) regelrechte Religionskriege. Wie lächerlich das ist, konnte der deutsche Dokumentarfilmer Peter Heller zeigen, der den Deutschland-Chefs der beiden Firmen jeweils das Getränk der Konkurrenz unterschob und sie vor laufender Kamera bat, doch den Geschmacksunterschied zu beschreiben ...

Arzt und Alkoholiker gehen sich aus dem Weg

Der Freud-Schüler Michael Balint war Sohn eines klassischen Haus- beziehungsweise Landarztes. Der kleine Michael begleitete seinen Vater bei Hausbesuchen und erlebte da sicher Situationen, in denen der Vater mit sich, seinen Patienten und seiner Arbeit nicht recht zufrieden war. Später suchte Balint im Rahmen seines Kontaktes mit der Psychoanalyse nach einer möglichen Anwendung der neuen Erkenntnisse auch im allgemeinärztlichen Bereich. Er schrieb sein berühmtes Buch *Six minutes per patient* (im Deutschen merkwürdigerweise übersetzt mit *Fünf Minuten pro Patient*).

Später gründete Balint – vielleicht in der unbewussten Absicht, dem Vater zu helfen – in einem längeren Suchprozess die Gruppen, die heute als Balint-Gruppen bezeichnet werden. In einer Runde von Ärzten, aber auch Psychologen, Sozialarbeitern, Lehrern oder Ähnlichen setzt man sich zusammen. Ein Teilnehmer berichtet in freier Form über einen Patienten (Klienten, Schüler usw.), der ihm einfach nicht aus dem Kopf geht, oder über eine Situation, eine Begegnung, in der man vielleicht nicht optimal, nicht fachgerecht, jedenfalls nicht zufrieden stellend reagiert hat. Zurück bleiben Gefühle von Ärger, Wut, Trauer, vielleicht auch Angst, die die schwierige Helferrolle zusätzlich belasten. Deshalb sind Balint-Gruppen für die Psychohygiene aller HelferInnen dringend notwendig. Wer sie einmal kennen gelernt hat, schwört darauf und will sie auf keinen Fall mehr missen.

Ein wesentlicher Punkt der Gruppen ist die Verpflichtung zum Schweigen über alle Details, über Namen und Daten. Ironischerweise brachen die Gruppen in Ungarn zeitweilig wieder ab – Balint ging dann nach London beziehungsweise Paris –, da unter den Kommunisten ein Kommissar im Hintergrund saß und mitschrieb ...

Während meiner Ausbildung und Arbeit in Kliniken habe ich mehrere Balint-Gruppen und damit verschiedene Gruppenleiter erlebt. In den Sitzungen fiel mir auf, dass es häufig um so genannte frühe Störungen ging (Borderline, Narzissmus etc.), was in der Regel auch Sucht bedeutete. Gleichzeitig war spürbar, dass diese Aspekte von Abhängigkeit praktisch nicht berücksichtigt, oft nicht einmal benannt wurden, bis ich manchmal meiner Verwunderung Luft machte zum Beispiel mit der Frage: »Wie viel Flaschen trinkt denn der Patient so pro Tag?« »Das ist doch nebensächlich. Wir wollen doch die *Dynamik* des Patienten verstehen.« »So weit, so gut, aber die *Eigen*dynamik des oder der Suchtmittel spielt eben auch eine gewichtige Rolle. Fragt einmal die Angehörigen von Suchtkranken, wie sich ein Vater oder eine Mutter unter Alkohol verändert!«

Inzwischen bin ich selbst seit Jahren Balint-Gruppenleiter, meistens mit mehreren parallelen Gruppen in verschiedenen Kliniken beziehungsweise in meiner Praxis. Um auch hier etwas für die »Stiefkinder der Medizin« zu tun, habe ich vor zwei Jahren die Deutsche Balintgesellschaft angeschrieben und darauf hingewiesen, dass es dringend nötig sei, in die Ausbildung von Gruppenleitern Aspekte der Sucht aufzunehmen. Bis vor kurzem, nach dreimaligem Erinnern, erhielt ich nicht einmal eine Antwort. In einem freundlichen Gespräch auf den Lindauer Psychotherapiewochen verwies man mich darauf, dass das noch etwas dauern könne ... Wie eben immer bei der Sucht!

Mittlerweile kam eine Einladung zu einem Referat anlässlich einer Balintleiter-Tagung. Eine Kollegin aus dem Vorstand war darüber gestolpert, dass sie für einen Sammelband zur Suchtprävention, der im Herbst 2000 von Jörg Fengler herausgegeben werden soll, nach Literatur für einen Beitrag über Balintarbeit gesucht und nichts gefunden habe. Ob ich da etwas wüsste? Nein, aber genau das war ja Inhalt und Sinn meiner Anfrage!

Falsches Mitleid

In einer von mir geleiteten Runde von Kandidaten zur Balint-Gruppenleitung stellt ein Kollege eine Patientin etwa folgendermaßen vor (da ich keine Namen, Daten und Kliniken benenne, verletze ich die Schweigepflicht nicht):

»Also, ich habe da eine 38-jährige Patientin, die in unsere Abteilung für Naturheilweisen eingeliefert wurde unter der Diagnose ›Nahrungsmittelallergie‹. Sie war vorher schon in einer bekannten psychosomatischen Klinik, wo ihr aber nicht recht geholfen werden konnte. Auffallend war ihre Erscheinung mit einem sehr großen Kopf und dünnen Beinen. Bekannt ist bei ihr eine Essproblematik mit Fress- und Kotzattacken. Sie ist in dritter Ehe verheiratet mit einem Mann, der sich jetzt wohl von ihr distanziert hat. Aus einer früheren Ehe hat sie einen achtjährigen Sohn. Sie hat eine Tanz- und Schauspielausbildung und arbeitet zu Hause an Konzepten, die sie in Form von Seminaren oder so verkaufen will. Also, die tut mir sooo Leid!«, berichtete der Kollege mit einem merkwürdigen Lamento in der Stimme.

»Was das Ganze schwierig macht, ist ein zusätzliches, sekundäres Alkoholproblem. Sie hat in der Klinik einen Rückfall gebaut. Durch einen Sturz erlitt sie eine Platzwunde am Kinn, musste genäht werden. Die Schwestern fanden Flaschen in ihrem Schrank.«

Nach einer Denkpause platzt eine Kollegin heraus: »Also, das ist doch bei euch eine glatte Fehlbelegung! Die gehört in suchtspezifische Behandlung.« Auf den traurig-beleidigten Blick des Kollegen schreckt sie zurück: »Habe ich so nicht gemeint. Also, vielleicht könnt ihr ja doch was für sie tun!« Andere greifen ein, wollen den Kollegen beschützen. Lange wird über die Patientin debattiert, vor allem in ihrer Opferrolle. Als Leiter der Veranstaltung sitze ich außerhalb des Kreises als Beobachter und »koche« innerlich.

»Na ja, Selbsthilfegruppen und so haben wir schon angesprochen. Die Patientin signalisiert Bereitschaft. Und Suchtberatungsstellen muss es da ja auch geben.«

In der Nachbesprechung der Gruppe habe ich es nicht leicht. Immerhin gebe ich zu bedenken, dass der erste Impuls der Kollegin völlig korrekt war. Vor lauter »Verstehen« dürfen wir nicht vergessen, nach den Regeln der ärztlichen Kunst zu handeln, die leider bei Sucht oft vergessen werden. »Wenn Sucht zum Problem wird, ist Sucht das Problem«, heißt es zu Recht. Diese 38-jährige Frau ist keineswegs nur Opfer, sondern dauernd auch Täterin: Sie nutzt möglicherweise das Sozialsystem aus mit ihrer (in der Gruppe nicht hinterfragten) Tanz- und Schauspielausbildung. Auf ihre »Konzepte« wartet wahrscheinlich niemand. Das ist natürlich auch ein Teil ihrer persönlichen Tragödie.

Nicht einmal angetippt oder erwähnt wird, dass sie mindestens schon drei Männer »verschlissen« hat. Womöglich haben diese auch zu ihrer Suchtkarriere beigetragen, aber niemand hat ihr die Flasche an die Lippen gesetzt. Und völlig verloren sitzt da noch ein achtjähriges Kind mit einer saufenden Mutter! Und die ist jetzt schon zum zweiten Mal in der falschen Klinik ...

Zur Erscheinung der Patientin mit dem großen Kopf und den schmalen Beinen: Bei jedem erfahrenen Kliniker müssen da die Alarmglocken läuten: AlkoholikerInnen werden meist erst dick, dann schmal, dann sterben sie dahin. Der »große Kopf« war schlicht eine so genannte Facies alcoholica, ein rotes, aufgedunsenes Alkoholikergesicht. Die unproportional dünnen Beine passen zu einer Leberzirrhose ebenso wie zu einer Anorexie. Das Gewicht der Patientin wurde nicht genannt.

Wie hatte doch der Kollege so schön gesagt: »Ja, sie braucht schon morgens den Wein, damit sie sich von der Realität distanzieren und ihre ›Konzepte‹ entwickeln kann.« In Wirklichkeit ist es wenige Minuten vor zwölf für die Patientin. Keine Zeit mehr für Träumereien. Wenn jetzt niemand eingreift, stirbt sie in wenigen Monaten. Ob ein Patient »noch nicht vom Alkohol lassen will« oder nicht, ist egal. Ein Eingreifen ist sofort notwendig – und das müssen wir als Ärzte ganz klar sagen! Wenn der Patient sich dazu entschließt, sich doch zu Tode zu trinken, ist das dann seine Entscheidung.

Balint selbst hat davor gewarnt, die Gruppe »zu ›einem Verein zur gegenseitigen Bewunderung‹ mit ›sanfter, überzuckerter Konstruktivität‹ werden zu lassen, was lediglich dem Wunsch nach narzißtischer Befriedigung, nicht aber wirklich konstruktiver Arbeit entspricht. Konstruktive Arbeit beinhaltet, daß der Gruppenteilnehmer Einsichten gewinnt.« (Heide Otten: »Balintgruppenarbeit«, in: Gunther Kruse u. Stefan Gunkel [Hrsg.]: *Psychotherapiewoche Langeoog 1997*, S. 59–72) Es geht dabei um kognitive und rationale Einsicht einerseits und emotionale Einsichten andererseits.

Mitleid kränkt, Mitgefühl hilft

Im Suchtbereich wird dies oft noch schärfer formuliert: Mitleid ist Verachtung oder sogar: »Mitleid ist Beihilfe zum Selbstmord.« Leider ist das eine zutreffende Ansicht. Es ist immer wieder erschreckend, welche gravierenden Fehler Ärzte, Psychotherapeuten und andere Helfer beim Thema Sucht begehen. Mit dem Killerargument »Dann läuft mir der Patient weg« werden alle Einwände aus dem Weg geräumt. Nicht nur, dass das nicht zutreffend ist – die Fluktuation ist nur wenig höher als bei der übrigen Klientel. Zu überlegen ist auch: Handle ich verantwortungsvoll, wenn ich eine letztlich oft tödliche Krankheit übersehe und verdränge, stattdessen an Symptomen herumkuriere und ich damit alles noch schlimmer mache? Ist es wirklich nur ein Kunstfehler, einen Tupfer bei der Operation im Bauch zu lassen oder ein Bein falsch zusammenzunageln? Wann klagt endlich ein Patient auf Schadensersatz, weil der Arzt doch hätte wissen müssen, dass sein Hauptproblem der *Alkohol* ist?!

Die Komplizenschaft zwischen HelferInnen und Süchtigen ist unglaublich. Wie viel Leben, wie viel Lebensqualität geht da verloren? Natürlich können wir nicht allen Suchtkranken helfen, aber eine Erfolgsquote von 50 Prozent bis zwei Drittel bei einer sachgerechten Therapie, das heißt mit Entwöhnung, müsste als Motivation doch eigentlich ausreichen?!

Ein Paradigmenwechsel

Unser Gesundheitssystem kann nur überleben, wenn wir möglichst schnell einen Wechsel der Sichtweise, des Paradigmas, vornehmen. Besonders in der Sucht ist unübersehbar, dass nicht mehr Krankheit, sondern *Gesundheit* bezahlt werden sollte. Das hat es schon im alten Griechenland und in China gegeben! Wenn wir Ärzte einen Patienten, einen Leidenden, aus Kostengründen so krank wie möglich schreiben müssen, um diagnostische Maßnahmen und damit technische Untersuchungen zu rechtfertigen, ist wahrlich keine Änderung zu erwarten.

Ich musste mir schon von Kollegen anhören: »Ja, der Herr Maier kommt ja nicht mehr!« »Tut mir Leid, aber er ist weitgehend gesund. Keine AU (Bescheinigung für Arbeitsunfähigkeit) mehr, keine Stürze, kein Bluthochdruck, keine Schlafstörungen usw.«

Psychotherapie und Sucht – kein erfreuliches Kapitel

Es besteht leider kein Anlass, meine Andeutungen über die Problematik der Psychotherapie bei Suchtkranken in meinem Buch *Die Liebe und der Suff ...* zurückzunehmen. Es drängt sich der Eindruck auf, dass weiterhin Tausende von Süchtigen von TherapeutInnen behandelt werden, die anderweitig kompetent sind, aber von Sucht »keine Ahnung« haben. Damit schädigen sie ihre Patienten. Wie kann es passieren, dass jemand jahrelang auf der Couch liegt, ohne dass der Analytiker die häufige »Fahne« anspricht oder nach Medikamentenkonsum fragt?

Die Schwierigkeit besteht unter anderem darin, dass es zu wenig Psychotherapeuten mit einer soliden Ausbildung im Suchtbereich gibt. Also – so sollte man meinen – müssten diese Fähigkeiten gefördert, diese Wissenslücken geschlossen werden. Das könnte zum Beispiel auf den entsprechenden Kongressen und Tagungen passieren. Aber weit gefehlt: Viele Veranstalter leisten es sich, jahrelang ohne die Stichworte »Sucht« oder »Alkohol« auszukommen oder allenfalls eine Alibiveranstaltung anzubieten.

Co-Co?

Als professioneller Helfer kann man manchmal wütend werden, wenn man in kürzester Zeit all das korrigieren soll, was vorher jahrelang von den Co-Abhängigen falsch gemacht wurde.

Freud und die Sucht – ein schwieriges Vermächtnis

Vielleicht sind es die Süchte des Sigmund Freud selbst, die die Analytiker (als die immer noch einflussreichste Gruppe unter den Therapeuten) davon abhält, sich mit Sucht adäquat auseinander zu setzen. Wolf D. Rost schreibt in seiner *Psychoanalyse des Alkoholismus*: »Der Begründer der Psychoanalyse, Sigmund Freud, hat in seinem umfangreichen Werk dem Alkoholismus beziehungsweise der Sucht niemals eine eigenständige Arbeit gewidmet.« (S. 28) Warum? »Es sollte nicht unerwähnt bleiben, daß Freud selber eigene Erfahrungen mit einem Rauschgift sammelte, das heute als besonders gefährlich und suchtbildend gilt: dem Kokain. Freud hat über längere Zeit und recht häufig Kokain zu sich genommen« – Welche Gefühle veranlassten ihn dazu? Der Analytiker Wolf D. Rost verliert dazu kein Wort, sondern schreibt weiter: »Freud war zu keiner Zeit kokainabhängig ... und er konnte auf die Droge verzichten, ohne daß seine Arbeitsfähigkeit und Produktivität nachgelassen hätten.« Offenbar gibt es Stimmen, die andere Aspekte sehen, die von Rost aber nicht ernst genommen werden: »Im Gegensatz zu vom Scheidt (1973) halten wir den Stellenwert seines Kokaingebrauchs für die Entwicklung der psychoanalytischen Theorie (!) für nicht gewichtig.« (Ebd.) Das hätte der Leser gern genauer, aber dafür ist weiter kein Platz in Rosts sonst umfangreichem Buch.

Der geniale Freud hat durchaus Wichtiges gesagt zur Psychodynamik der Süchtigen: »Genauere Untersuchung weist in der Regel nach, daß diese Narkotika zum Ersatze – direkt oder auf Umwegen – des mangelnden Sexualgenusses bestimmt sind ...« Hatte Freud womöglich selbst Probleme in diesem Bereich?

Freud sieht die Sucht als die missglückte Lösung eines Triebkonflikts und als Ersatzbildung an. Urform der Sucht ist für ihn dabei die Selbstbefriedigung: »Es ist mir die Einsicht aufgegangen, daß die Masturbation die einzige große Gewohnheit, die ›Ursucht‹ ist, als deren Ersatz und Ablösung erst die anderen Süchte nach Alkohol, Morphium, Tabak etc. ins Leben treten.« Das schreibt Freud in einem Brief an seinen Freund Fließ schon Ende 1897. Es geht um eine »oralerotische Aktivität, die dazu prädestinieren könne, daß in späteren Lebensjahren (auch in früheren! D.Verf.) Männer ein kräftiges Motiv zum Trinken und Rausche mitbringen.« (Rost, S. 30)

Freud schreibt dazu weiter: »Die Veränderung der Stimmungslage ist das Wertvollste, was der Alkohol dem Menschen leistet, und weshalb dieses Gift nicht für jeden gleich entbehrlich ist. Die heitere Stimmung, ob nun endogen entstanden oder toxisch erzeugt, setzt die hemmenden Kräfte, die Kritik unter ihnen, herab und macht damit Lustquellen wieder zugänglich, auf denen Unterdrückung lastet ... Unter dem Einfluß des Alkohols wird der Erwachsene wieder zum Kinde, dem die freie Verfügung über seinen Gedankenablauf ohne Einhaltung des logischen Zwanges Lust bereitet.« (Ebd. S. 30) Diesem Bild des fröhlichen Zechers entspricht der gesellschaftliche Hintergrund: »Die Leistung der Rauschmittel im Kampf um das Glück und zur Fernhaltung des Elends wird so sehr als Wohltat geschätzt, daß Individuen wie Völker ihnen eine feste Stellung in ihrer Libidoökonomie eingeräumt haben.« (Ebd., S. 31)

Kehren wir zum Individuum, also auch zu Freud selbst zurück, der den Alkoholrausch mit einer toxisch erreichten Manie (der Zustand eines krankhaften Hochgefühls) vergleicht: »Die Gewöhnung knüpft das Band zwischen dem Manne und der Sorte Wein, die er trinkt, immer enger ... Wenn man die Äußerungen unserer großen Alkoholiker, zum Beispiel Böcklins, über ihr Verhältnis zum Wein anhört, es klingt wie die reinste Harmonie, ein Vorbild einer glücklichen Ehe.« (Ebd., S. 31) (Freuds Ehe kam erst nach langer Verzögerung zustande und war *nicht* glücklich.

Schon mit knapp über 40 äußerte Freud sich abfällig über seine eigenen sexuellen Bedürfnisse.)

Viele meiner Patienten haben das ähnlich ausgedrückt: »Ich habe da eine kleine Freundin« (neben der Ehefrau die Flasche) oder »Meine Exfrau und der Alkohol – das war dasselbe!« oder die Äußerung eines Partners »Meine Frau geht mit der Flasche fremd«. Nur in der zeitweiligen idealisierenden Sicht des Süchtigen ist der Alkohol die »süße Muttermilch« (Schmidbauer), die er dann wieder als giftige Substanz und Zerstörer seiner Existenz wahrnehmen kann. Gerd Rudolf beschreibt dies treffend in seinem Buch *Psychotherapeutische Medizin* anhand eines literarischen Beispiels, bei dem auch die Rolle der Co-Abhängigen deutlich wird:

»Der Trinker in Hans Falladas gleichnamigen Roman berichtet, wie der Alkohol warm und lebendig in seinen Mund fließt, in Wellen durch ihn hindurchgeht, alle Sorgen und Kümmernisse fortschwemmt, Helle und Leichtigkeit hinterläßt, ihn auf dem Strom des Vergessens dahintreiben läßt, während er eine heruntergekommene Mittrinkerin, die ihm den Alkohol in den Mund gießt, als bittersüße Geliebte erlebt. Es ist, als ob er in den Armen der Muttergeliebten, das Gesicht an der Brust, von ihr gesäugt und gesättigt, in zeitlosem Wohlbefinden versänke. Dieser Zustand der Befriedigung und Geborgenheit kontrastiert mit seinem nüchternen Selbsterleben, indem er seine Schwäche, seine Abhängigkeit von der Zuneigung anderer, seine Angst, sie verloren zu haben, und seine Unfähigkeit, um sie zu kämpfen, beschreibt.« (Rudolf, S. 160)

Freud hat selbst wohl nicht viel Alkohol getrunken. In keinem der Bücher über ihn ist darüber etwas zu lesen – was gleichzeitig wenig bedeuten muss, da in Prominenten-Biographien das Thema Sucht meist gemieden wird wie die buchstäbliche Pest. (Eine Ausnahme bietet Wolf Schneiders Titel *Die Sieger*, wo in aller

Deutlichkeit Abgründe psychischer Krankheit und vor allem auch der Süchte bei berühmt gewordenen Menschen benannt werden.)

Freud hat eine andere »oralerotische Aktivität« gepflegt, ein kindliches »Wonnesaugen« (Rost, S. 30), das ihm unendlich viel Leid eingebracht und die Theoriebildung der Psychoanalyse zutiefst geprägt haben dürfte: die Sucht nach Zigarren. Selbst mitten in Therapiestunden stand er plötzlich auf und zündete sich eine seiner schweren Havannas an. (Als Kind einer starken Raucherin selbst Nichtraucher, informierte ich mich bei einem Kollegen, der sich gelegentlich eine teure Zigarre leistet. Er berichtete, er könne trotz Gewöhnung nicht mehr als eine halbe Havanna paffen, da sein Kopf sonst »völlig vernebelt« sei.)

Freud schrieb praktisch nur rauchend, wie viele Literaten auch. (Hemingway benötigte dagegen Alkohol: »Ich habe noch drei Kästen Bier. Das reicht für drei Kapitel.«) Später erkrankte Freud an einem Zungengrundkrebs mit einer ersten Operation 1923. Man muss sich vorstellen, was es für ihn psychisch bedeutete, im Laufe der nächsten Jahre mehr als 20 Operationen in diesem äußerst empfindlichen Bereich über sich ergehen zu lassen! Auf Fotos ist zu erkennen, wie griesgrämig und depressiv der früher lebendige Freud wurde. Er konnte und wollte nicht mehr mit anderen Menschen zusammen essen, da sein Essen schmerzhaft und für andere ekelhaft war.

Auch dazu von Wolf D. Rost kein einziges Wort! In einem längeren Telefongespräch darauf hingewiesen, wich Rost mit wachsweichen Formulierungen aus. – Ist es nicht erlaubt, die Wahrheit zu sagen?

Rost hätte für sein Buch viel gewonnen und vieles verständlicher gemacht, wenn er vorweg Freuds eigene Position und sein Schicksal umrissen hätte. Immerhin hat Rost eine »Psychoanalyse des Alkoholismus« geschrieben: »Leider hat auch die Psychoanalyse vor der Vielschichtigkeit und Komplexität des Alkoholismus theoretisch wie therapeutisch resigniert.« (S. 13) Das ist ein wichtiger Satz! Daraus folgt: »Psychoanalytiker therapieren heute nur wenige Süchtige ..., haben wegen zahlreicher therapeutischer Mißerfolge vor der Schwere und relativen Therapieresistenz dieser verbreiteten (!) Störung kapituliert und sich ›therapeutisch dankbareren‹, weniger destruktiven Erkrankungen zugewandt ... Es besteht – das sei an dieser Stelle ganz deutlich gesagt – in der Psychoanalyse und unter Psychotherapeuten insgesamt ein ausgeprägtes Vorurteil gegen Alkoholiker ...« (Ebd., S. 13 f.) So weit Rost. Leider ist es so, dass nach wie vor viele Süchtige von Analytikern behandelt werden – unerkannt.

Einen eingeschobenen Satz Rosts habe ich hier ausgelassen: »Suchttherapeuten revanchieren sich für dieses Im-Stich-Lassen durch Mißachtung und Abqualifizierung der Psychoanalyse.« Da macht es sich Rost einfach. Die klassische Psychoanalyse mit ihrer Förderung der Regression ist bei Sucht schlicht kontraindiziert, das heißt das falsche Mittel! Vor dieser und anderen Einsichten verschließen sich auch hochkarätige Kollegen von Rost, wie Otto Kernberg, der als hochintelligenter, witziger und lebendiger »Guru« seit Jahren die Diskussion unter anderem bei den Lindauer Psychotherapiewochen bestimmt und als Verfasser zahlloser Bücher – ohne Arbeitssucht geht das eigentlich nicht – zur Borderline-Symptomatik und zu anderen Persönlichkeitsstörungen bekannt geworden ist.

Otto Kernberg und Sucht – Berührungsängste?

Nach langer Zeit nahm ich 1999 – neben der Durchführung meines eigenen Kurses »Alkohol und Co-Abhängigkeit« – erstmals wieder an einem Seminar im Rahmen der Lindauer Psychotherapiewochen teil, das von zwei Mitarbeitern Otto Kernbergs geleitet wurde. Es ging um die Therapie jener Borderline-Störung, die nicht nur nach meiner Überzeugung, sondern schon in der Definition der Diagnose des DSM IV (Diagnostisches und statistisches Manual der AMA, der American Medical Association) als zentrales Kriterium benannt ist: »4. Impulsivität in mindestens zwei potentiell selbstschädigenden Bereichen (Geldausgeben, Sexualität, Substanzmissbrauch, rücksichtsloses Fahren, ›Fressanfälle‹).« (Hier ist also die »Impulsivität« übrig geblieben von Wilhelm Reichs erster Beschreibung des Borderline-Syndroms: *Der triebhafte Charakter.*)

Den zuständigen Kollegen und Otto Kernberg schrieb ich einen ausführlichen Brief, in dem ich meine Beobachtungen und Schlussfolgerungen während des interessanten Seminars diskutierte. Im Wesentlichen ging es darum, dass der Suchtanteil der angesprochenen PatientInnen nicht wahrgenommen und nicht gewürdigt wurde. »Wenn Sucht zum Problem wird, ist Sucht das Problem.« Das ist möglicherweise nicht analytisch, aber eben wahr. Viele Therapien in der groß angelegten Studie von Kernberg und seinen Kollegen dürften schief laufen, weil man die Kategorie »4.« (siehe oben) nicht berücksichtigt. Das beginnt wie üblich bei der fehlenden Diagnose »Alkoholabhängigkeit« oder »Medikamentenmissbrauch«, »Kokain- oder Nikotinmissbrauch«, von Fresssucht, Kaufsucht, Geltungssucht etc. gar nicht zu reden.

Den Verlauf stoffgebundener Süchte könnte man überprüfen anhand von Laborwerten, Zufallsurinkontrollen etc. Sogar Essstörungen wären indirekt überprüfbar. Jedenfalls ist die Gefahr groß, dass aufwendige Bemühungen wegen Themaverfehlung wie im Schulaufsatz mit einem Desaster enden ... Leider hat es beim Arzt oder beim Therapeuten schlimmere Folgen! Sollte man nur die wenigen Borderliner in die Studie aufnehmen *ohne* Suchtdiagnose, wäre die Aussagekraft gering.

Wie war die Reaktion? Bisher gab es keine, außer dass man mir, hoffentlich nicht in böser Absicht, eine komplett unmotivierte Alkoholikerin mit zahlreichen Vorbehandlungen schickte, versichert beim Sozialamt, die allen Ernstes von mir nicht Therapie, sondern Aufklärung über mögliche Rentenzahlungen erwartete!

Eine Alkoholikerin als Vorsitzende

Dass die Verleugnung von Suchtproblemen vor den Psychotherapie-Verbänden keinen Halt macht, ist nahe liegend. Ein Kollege erzählte mir, dass seine Lehranalytikerin Dr. M. Alkoholikerin gewesen war. Noch schlimmer: Zehn Jahre lang war sie auch Erste Vorsitzende einer einflussreichen Arbeitsgemeinschaft zur Ausbildung von Psychoanalytikern. Viele Mitstreiter waren im Laufe der Zeit Mittrinker und Co-Alkoholiker geworden, die ihr Verhalten deckten. Ihre Lehranalysanden beschrieb Dr. M. als ihre »Kinder«. Erwachsene Kinder einer Alkoholikerin ...

Der damals junge Ausbildungskandidat wusste nicht, was er tun sollte. Er steckte in einem Dilemma: Immer wieder roch er die Fahne, sah ihr rotes Gesicht, hörte sie lallen. Aber inzwischen hatte er schon so viel für die Analyse bezahlt ... Und wer würde ihm glauben? Einmal schreckte er heftig aus seiner analytischen Trance auf: Frau Dr. M. war eingeschlafen und mit einem lauten Knall aus ihrem Sessel gefallen ...

Die Geschichte endete so, wie viele Alkoholgeschichten enden: mit dem frühen Tod der bekannten Psychotherapeutin. Vor ihrem Tod an einer Leberzirrhose hatte man sie, nach einem Jahrzehnt »Begleiten« ihrer Sucht, noch rasch ihres Amtes enthoben. Von der Kontroll- war man ganz schnell in die Anklagephase übergegangen.

Jetzt war mir endlich klar, warum genau dieser Verband einer der wenigen war, die vor Jahren nicht auf meine Vorschläge einer Suchtfortbildung reagiert hatten. Zunächst kam keine Antwort. Auf ein Telefonat hin wurde mir erklärt, die Unterlagen seien »leider verloren gegangen«. Freud hätte das wohl als Fehlleistung interpretiert. Ich möchte doch das Ganze noch einmal schicken ... Mit einem Lächeln des Verständnisses bemühte ich mich.

Ein unverbindlicher Antwortbrief wenig später sollte mir erklären, dass diese Inhalte bei ihrem Verband ja »längst abgedeckt« seien ... Wenn ich nicht von einigen Freunden, die ihre Ausbildung genau dort absolviert hatten, völlig *anderes* gehört hätte, hätte ich das Angebot gar nicht unterbreitet.

Die Irrtümer der Psychoanalyse

Im Interesse der Süchtigen und ihrer Angehörigen muss ich hier auf einige weitere Denkfehler hinweisen. Dabei sind mir andere Häretiker behilflich, die ursprünglich der Analyse nahe standen. Watzlawick und Nardone führen in ihrem schon zitierten Buch *Irrwege, Umwege und Auswege* auf S. 39 folgende Argumente an: »Wie wir selbst, scheinen sich viele unserer Kollegen dem Eindruck nicht länger entziehen zu können, daß Einsicht zwar zu hochinteressanten Erklärungen von Symptomen führen mag, daß sie aber wenig, wenn überhaupt, zu ihrer Lösung beiträgt.« Und weiter: »Die Prämissen jeder Theorie führen folgerichtig zu theoriespezifischen Einschränkungen ... So muss zum Beispiel aus psychoanalytischer Sicht eine rein symptomorientierte Behandlung ohne Lösung des dem Symptom zugrundliegenden Konflikts zu Symptomverschiebung und -verschlechterung führen – aber nicht, weil dies in der Natur der Psyche, sondern in der Natur der psychoanalytischen Theorie liegt.«

Um Fortschritte zu erreichen, den »Patienten zur Aufgabe der starren Perspektive zu ›zwingen‹, indem man ihm andere mögliche Perspektiven anbietet, welche neue ›Wirklichkeiten‹ und neue Lösungen ermöglichen ... kann man also auf das langwierige und mühselige Graben in der Tiefe auf der Suche nach einem vermeintlichen ›Urtrauma‹ verzichten, das Ursache der Problemsituation sein soll und dessen Beseitigung auch die Probleme des Patienten zum Verschwinden bringen würde ... Diese Verfahren basieren auf Konzeptionen einer linearen Kausalität und deterministischen Beziehung zwischen Ursache und Wirkung, Konzeptionen und Überzeugungen, die übrigens inzwischen in allen fortgeschrittenen Wissenschaften, von der Biologie bis zur Physik, als überholt gelten.« (Ebd., S. 39 f.)

Folgerichtig schreiben Nardone und Watzlawick ganz in meinem Sinne wenig später: »Vom Therapeuten wird große Flexibilität verlangt und ein umfassendes Repertoire an therapeutischen Strategien und Techniken, die ... aus anderen Anwendungsbereichen als denen der klassischen Psychotherapie stammen.« Diese Strategien und Techniken müssen »auf möglichst kreative Weise

---

»Wenn die Tatsachen nicht der Theorie entsprechen, umso schlimmer für die Tatsachen ...«

Georg Wilhelm Friedrich Hegel

»Wenn wir die Menschen behandeln, wie sie sind, dann machen wir sie schlechter. Wenn wir sie behandeln, als wären sie bereits das, was sie sein sollten, dann bringen wir sie dahin, wohin sie zu bringen sind.«

Johann Wolfgang von Goethe

modifiziert werden«, wenn das übliche Vorgehen nicht fruchtet. »Die Behandlung muß dem Patienten und nicht der Patient der Behandlung angepaßt werden.« (Ebd., S. 41)

Zehn typische Denkfallen
bei Ärzten und Psychotherapeuten im Umgang mit Suchtpatienten

1. *Der Alkoholismus (Medikamentenmissbrauch, Drogenabhängigkeit etc.) ist ja nur sekundär.*

    Antwort: Richtig! Sucht ist zunächst nie ein primäres, *immer* ein sekundäres Problem (aufgrund eines pathologischen Selbstbehandlungsversuches), aber es wird dann zum primären: Wenn Sucht zum Problem wird, ist Sucht das Problem – weil ohne die Beseitigung der Suchtmittel der Zugang zu den anderen Problemen verstellt ist. (Näheres dazu in meinem Buch *Die Liebe und der Suff* ...)

2. *Der Patient kann das noch nicht, er/sie kann noch nicht auf das Suchtmittel verzichten ...*

    Antwort: Er/sie *will* nicht, *muss* aber, um gesund zu werden, vom Suchtmittel weg.

3. *So ein netter Patient (noch besser: So eine hübsche Privatpatientin) – das kann doch gar nicht sein! Den (die) schicke ich lieber in die renommierte psychosomatische Klinik XY ...*

Antwort: Für Sucht gibt es *keine sozialen Grenzen.* Die Einweisung in die falsche Klinik verlängert das Leiden des Patienten, kann ihm sogar das Leben kosten.

4. *Ob der das durchhält?? (Will sagen: »Ich glaube nicht!«)*

Antwort: Woher wissen Sie das? Warum glauben Sie nicht an den Patienten und seine Kraft? Wenn der Leidensdruck groß genug ist, schafft der Mensch fast alles. Eine körperliche Entgiftung ist im Übrigen nicht das Problem: »Nicht schlimmer als eine Grippe.«

5. *Der/die ist ja nur depressiv ...!*

Antwort: Die häufigste Fehldiagnose! Sie klingt natürlich viel vornehmer ... Sicher sind die meisten Süchtigen depressiv. Aber: Ca. 80 Prozent der so genannten Depressionen verschwinden mit dem Suchtmittel ...

6. *Irgendwie verstehe ich ihn/sie ja ganz gut. Mit dieser Ehefrau, mit dem Arbeitsplatz würde ich auch depressiv und finge an zu saufen!*

Antwort: Hier liegt eine Identifikation mit den kranken Anteilen des Patienten vor. In Helferberufen sind Sucht und Depression leider viel zu häufig anzutreffen.

7. *Wenn ich eine Sucht diagnostiziere, bin ich den Patienten los – das heißt, ich verdiene nicht mehr an ihm/ihr.*

Antwort: Das könnte der Fall sein, aber die »Abbruchraten« von Suchtkranken sind nicht größer als die der übrigen Klientel. Außerdem: Überweisungen an FachkollegInnen sind auch in vielen anderen Fällen notwendig, warum nicht hier? – Und, nicht zu vergessen: Sie haben die Angehörigen auf Ihrer Seite, die Ihnen sehr dankbar sein werden (und eine weit größere Gruppe darstellen)!

8. *Der/die ist so schlimm dran, so eine furchtbare Vorgeschichte, so viele Jahre mit Drogen und Alkohol – das wird sowieso nichts mehr.*

Antwort: Vorsicht mit falschem Determinismus! Spielt hier Verachtung, verpackt als »Mitleid«, eine Rolle? Dieses ist laut Auskunft der Betroffenen »tödlich«. Auch hier besteht die Gefahr der Gegenübertragung, das heißt der unbewussten Übertragung eigener Ängste und Schwächen auf den Patienten.

9. *Eigentlich hat der/die eine Panikstörung, eine narzisstische Persönlichkeitsstörung, ein Borderline-Syndrom ...*

Antwort: Das ist sogar wahrscheinlich, da Sucht eben ein sekundäres Phänomen ist. Viele PatientInnen haben »Läuse und Flöhe«. Aber wie schon gesagt: Wenn die Sucht zum Problem wird, ist zunächst sie das Problem!

10. *Bei Sucht kenne ich mich nicht so aus. Darüber rede ich mit dem Patienten besser nicht. Sonst bemerkt der noch meine mangelnde Kompetenz ...*

Antwort: Ein behebbares Defizit. Bis dahin: Bekennen Sie sich ruhig dazu! Niemand ist allwissend und omnipotent. Wenn ich dem Patienten eine gute Adresse oder Telefonnummer (eines fachkundigen Kollegen, einer Beratungsstelle) mitgebe (beziehungsweise die Karte des Blauen Kreuzes, von AA oder Ähnliches), habe ich sehr viel für den Patienten getan, der gleichzeitig wegen all seiner anderen Sorgen bei mir als Hausarzt/Internist etc. bleibt.

Insgesamt besteht die Gefahr, dass wir uns mit den kranken statt mit den gesunden Anteilen des Patienten verbünden beziehungsweise verbrüdern. Die aufgeführten Fallen sind alles Varianten co-abhängigen Denkens, die die Krankheit verlängern helfen, also kontraproduktiv sind.

Würden wir uns im Ernst in der somatischen Medizin dazu verleiten lassen, einem Patienten beispielsweise seinen »akuten Bauch« zu lassen, ihn/sie trotz Verdacht auf zum Beispiel »Blinddarm« lieber liegen lassen, weil er Angst vor einer Operation hat?

Oder in die Innere Medizin verlegen, weil die ihm sympathischer ist als die Chirurgie? Unsere Klarheit und Entschiedenheit muss im Bereich der Sucht genauso groß sein wie in der Somatik. Beim Patienten mit dem akuten Blinddarm würden wir auch strikt jede weitere Verantwortung ablehnen, das heißt die an uns delegierte Verantwortung zurückgeben.

Eine Leitlinie für Co-Abhängige

Ratschläge können leicht zu Schlägen werden, Patentrezepte sind oft nicht das, was sie versprechen. Zum Verband der Wunderheiler gehöre ich auch nicht. Trotzdem möchte ich einige Vorschläge machen, die aus dem Sumpf der Co-Abhängigkeit herausführen können. Am Anfang steht das Eingeständnis, dass ich überhaupt co-abhängig bin, erfasst von dem Rausch, das Leben eines anderen mitzuleben, zu kontrollieren und von ihm oder ihr gebraucht zu werden. Verschaffen Sie sich dazu Klarheit über den Test auf S. 219 f.

Weiterhin sollten Sie sich ehrlich fragen: In welchem Stadium der Co-Karriere befinde ich mich? Bin ich noch beim »Beschützen und Erklären«, in der »Kontrollphase« – oder schon in der Anklagephase? Als Motivation, etwas ändern zu wollen, oder besser, ändern zu *müssen*, reicht die Feststellung »So geht es nicht mehr weiter!« und vor allem »So will ich nicht mehr weitermachen, sonst gehe nicht nur ich kaputt, sondern auch meine Kinder, meine Eltern, meine Firma, mein Team (oder Ähnliches) – und der Süchtige sowieso«.

Bilanz

Was ist die Bilanz Ihrer bisherigen Bemühungen? Was haben Sie alles investiert an Zeit, Liebe, Geld, Energie? Was ist, nüchtern betrachtet, dabei herausgekommen? Hat Ihr Kind aufgehört zu trinken, Drogen zu nehmen, oder Ihr Partner Medikamente, Ihr Arbeitskollege Bier etc.? Hat sich Ihr Engagement ausgezahlt, menschlich oder wie auch immer? Oder ist alles mehr oder minder beim (Sucht-)Teufel?

Würden oder wollen Sie die Schritte, die Sie in den letzten Jahren versucht haben, noch einmal unternehmen? Oder stellt sich eine Mischung aus Ärger, Wut, Trauer und womöglich Angst und Scham ein, wenn Sie an all die verlorene Liebesmüh denken: »All my love is in vain«? Oder, wie es in einem kubanischen Liebesfilm heißt: »Traurig ist die Erinnerung an das, was niemals war.«

Regel Nr. 1 für Co-Abhängige

Geben Sie dem Suchtkranken kein Geld! Er/sie kann damit (zu über 90 Prozent) nicht umgehen. Also: Kein letztes Mal! Nicht noch einmal die Miete, die Rate, die Steuernachzahlung, die Autoversicherung ...! Auf keinen Fall Bürgschaften! – Zur Not hinterlegen Sie Ihr Geld bei der Bank oder bei Menschen Ihres Vertrauens!

Der Liebesbrief: Schöne Worte sind selten wahr, wahre Worte sind selten schön

Um sich im Kopf über einen Menschen oder über eine Situation klarer zu werden, gibt es ein ebenso simples wie effektives Hilfsmittel: einen Brief schreiben! Wenn Sie verwirrt und verzweifelt sind, nehmen Sie sich ein paar Blatt Papier oder eine leere Seite am Computer und legen Sie einfach los! Adressat ist der Suchtkranke, mit dem Sie in einer schwierigen Liebe verbunden sind, als Kind, PartnerIn, Eltern, Arbeitskollege usw. Schreiben Sie von sich und Ihren Gefühlen! Vermeiden Sie Allgemeinplätze wie »immer« oder »nie« etc.! Erwähnen Sie stattdessen einige konkrete Vorkommnisse aus den letzten Monaten und Jahren und schildern Sie möglichst eindringlich, wie es Ihnen damit gegangen ist – und wie es Ihnen bei der Erinnerung geht!

»Als du an meinem letzten Geburtstag schon vor dem Eintreffen der Gäste angefangen hast zu trinken, wurde ich stinkwütend und traurig. Noch heute dreht sich mir der Magen um, wenn ich an den weiteren Verlauf denke. Wie du erst so aufgedreht ›lustig‹ warst, dann mit steigendem Alkoholpegel immer peinlicher in deinen Reden! Den Rest hat mir gegeben, als du dann auch noch mit der Nachbarin angefangen hast zu schäkern. Da hätte ich dich umbringen können!« Usw.

Schreiben Sie so lange, bis sich ein gewisses Gefühl der Erleichterung und/oder Erschöpfung einstellt! Es muss nicht *jede* Story mit *jedem* Detail aufgeführt werden. Aber der Ballast soll raus aus Ihrem Kopf! Die Erinnerungen sind Wackersteine in Ihrem Hirn, die nicht nur Lebensfreude kosten, sondern manchmal sogar das Leben selbst.

Co's haben ein Elefantengedächtnis

Während Süchtige eine aus gutem Grund verkürzte Erinnerung haben (»Seit drei Tagen trinke ich nicht mehr, das Problem ist erledigt. Nie wieder! Jetzt soll man mich aber auch damit in Ruhe lassen«), können sich Co's oft über Jahre an jedes traurige und peinliche Detail erinnern. Wie unter Zwang meinen sie, sie müssten all die Missetaten des Suchtkranken auf ihrer Festplatte speichern ... Damit geht aber der ganze Raum verloren für eigenes Leben, für Kreativität, Spiritualität usw.

Um aus diesem Dilemma herauszukommen, gibt es zunächst kein besseres Mittel als den Brief. Sobald er, vielleicht in Etappen geschrieben, beendet ist, tritt Erleichterung ein. Ob, wie und wann Sie ihn abschicken, ist eine völlig sekundäre Frage. Vielleicht ergibt sich ja eine Gelegenheit, wo er/sie nüchtern ist, um den Brief vorzulesen?!

Konfrontation mit Tatsachen

»Bitte, setz dich für eine Viertelstunde hierher! Ich möchte dir nur vorlesen, was ich letzte Nacht bis 2 Uhr geschrieben habe. Keine Angst, ich will nicht anklagen. Ich habe nur meinen Kopf erleichtert von all dem, was darin seit Jahren herumschwirrt. Ich möchte auch ausdrücklich keine Diskussion! Mir ist klar, dass es *meine* Version von Ereignissen ist. Aber du sollst wissen, was ich denke und fühle!«

So ähnlich könnten Sie Ihren Partner, Ihre Partnerin, Ihr Kind, Ihren Arbeitskollegen ... ansprechen. Wenn Sie es fertig bringen, sollten Sie zuletzt einige positive Bemerkungen machen. »Was ich an dir mag, ist deine Hilfsbereitschaft, dein Humor ...« Aber bitte nichts verwässern! Denken Sie ausschließlich an Ihre eigenen Gefühle! An die Ihres Gegenübers haben Sie schon viel zu oft gedacht. Seien Sie so ehrlich wie möglich, ohne verletzend zu sein oder unter die Gürtellinie zu gehen (wie das Süchtige so gerne tun). Dann sind Sie ganz bei sich, konzentriert und ruhig. Geben Sie zu erkennen, dass Sie unterscheiden können zwischen der *Krankheit Sucht* und dem *Menschen* dahinter.

Teilen Sie dem Suchtkranken mit, dass Sie Ihrer »Karriere« als Co-Abhängiger ein Ende setzen wollen – so wie er hoffentlich seiner Suchtkarriere. Sagen Sie, dass jemand, der hierzulande Hilfe wegen seiner Sucht braucht und haben will, diese auch bekommt. Und dass dies in der Regel nicht einmal etwas kostet: »Hier sind die Telefonnummern der Suchtberatungsstelle, des Blauen Kreuzes, der Anonymen Alkoholiker. Ich verlange, dass du dort einen Termin vereinbarst und Selbsthilfegruppen besuchst! Ich werde für mich selbst sorgen, da ich in meinem jetzigen Zustand auch Hilfe brauche, sonst gehe ich vor die Hunde.«

Zuletzt danken Sie für das Zuhören und gehen auseinander. Keine weitere Diskussion und keine voreilige »Versöhnung«! Das Ganze muss wirken, bei Ihnen wie beim Suchtkranken. Er/sie soll nicht das Gefühl bekommen, mit ein paar netten Floskeln (»Morgen, ja morgen fang ich ein neues Leben an«) alles wieder gerade rücken zu können wie schon so oft zuvor.

Mit dem Brief können Sie verschieden verfahren: Entweder Sie übergeben ihn dem Süchtigen – oder, falls er dies ablehnt, Sie schicken ihn per Post! Was er/sie dann damit macht, ist, wie sagt man doch, »sein Bier«.

Loslassen

Wenn es ein Zauberwort im Bereich der Co-Abhängigkeit gibt, ist es dieses: »Ein Gespräch (oder ein Brief) legt keinen Alkoholiker trocken.« Das muss man akzeptieren. Es wird wahrscheinlich noch einen langen Zickzackkurs geben, zumindest auf der Seite des Süchtigen. Aber wir selbst sollten wissen, wo wir ankommen wollen, nämlich bei einer gelassenen *Zufriedenheit.*

Wenn uns jemand an den Hals springt und uns unbedingt von etwas überzeugen will, von einer politischen Meinung, von einer Automarke, einem Musikstück oder oder, werden wir auch erst einmal abwehrend reagieren, weil uns diese Art zu weit geht. Wer Grenzen so verletzt, muss mit Abwehr rechnen. Ein Süchtiger kämpft sowieso einen heftigen Kampf zwischen den Polen von Abhängigkeit und Autonomie (= Unabhängigkeit, Selbständigkeit), wie das zum Beispiel in der Pubertät jedes Menschen ganz normal ist. Deshalb: Kein Eindringen in die Sphäre, in das Energiefeld des anderen.

Keine leeren Drohungen

Manche Paare neigen dazu, in jeder heftigen Diskussion zuletzt mit Trennung und Scheidung zu drohen. Ein außen stehender Beobachter könnte darüber lachen, weil er weiß, dass das sowieso nicht passieren wird ... Aber jeder der Beteiligten verliert an Glaubwürdigkeit, wenn er/sie nicht bereit ist, angekündigte Schritte auch zu vollziehen. Wie aus den Fallgeschichten deutlich wurde, geht es vor den großen Etappen erst einmal um die Politik der kleinen Schritte. Was daraus wird und wo der Marsch enden wird – niemand weiß es.

Die Verantwortung zurückgeben

Auf keinen Fall sollten Sie bei Beratungsstellen, bei Psychotherapeuten oder in Kliniken anrufen, um dort für den Kranken Erkundigungen einzuziehen oder gar Termine zu vereinbaren! Er/sie ist schließlich nicht »blöd« und nicht entmündigt. Telefonieren können heute schon Dreijährige. Nicht selten, wenn ich einen Telefonanruf einer Co-Partnerin erhalte und eine Vereinbarung ablehne, steht der Alkoholiker direkt daneben: »Ach, ich gebe Ihnen meinen Mann!« Der Suchtkranke wird sich zu Recht auch ein Stück infantilisiert (zum Kind gemacht) fühlen, wenn über ihn verfügt wird. Da hätte er auch einen hervorragenden Grund, den Termin nicht einzuhalten.

Für sich etwas tun

Ja, Sie dürfen, Sie sollen sogar etwas für sich tun! »Jetzt bin *ich* mal endlich dran!«, sagte die Frau eines Alkoholikers. Gehen Sie wieder einmal zum Sport, lassen Sie sich eine Massage verschreiben! Bauen Sie sich einen eigenen Freundeskreis auf! Entdecken Sie alte Hobbys wieder! Planen Sie eine Reise in den Süden, in die Berge oder ans Meer! Vor allem aber suchen Sie sich Unterstützung bei Freunden, in einer Psychotherapie und in Selbsthilfegruppen!

Vielleicht entdecken Sie, dass Sie anfangs wie gelähmt und fast unfähig sind, aktiv etwas zu unternehmen, das nicht in irgendeiner Form mit dem Süchtigen zu tun hat. Das sollten Sie als Alarmzeichen werten und die Anstrengungen verstärken. Ihre Eigeninitiative ist verkümmert, Ihre Perspektiven sind wie beim Süchtigen auf einen verengten Tunnelblick beschränkt. Nur noch Probleme ...!? – Nein, raus aus dem Trichter!

Das Gewissen

Wahrscheinlich plagt auch Sie, wie viele Menschen in unseren Fällen, das Gewissen. »Aber ich *darf* es mir doch nicht gut gehen lassen, wenn er/sie in so schlechter Verfassung ist.« Doch, Sie dürfen! Wenn der Süchtige in seiner Krankheit nichts Positives mehr aus seinem Leben zu machen weiß, müssen Sie keineswegs dasselbe tun. Haben wir nicht alle eine Verpflichtung, auch eine spirituelle, aus unserem Leben so viel zu machen wie eben möglich?! »Das Traurigste ist die Erinnerung an das, was niemals war.« Nicht gelebtes Leben bringt uns niemand mehr zurück.

Rückfälle nicht zu ernst nehmen!

Nein, nicht die Rückfälle des Süchtigen, Ihre eigenen Rückfälle in die Co-Abhängigkeit! Melody Beattie hat in ihrem Buch *Unabhängig sein* eindrucksvoll geschildert, wie hart Co-Abhängige mit sich umgehen. Kein Fehler wird verziehen. Auf Mangel an Perfektion steht fast die Todesstrafe ...

Nehmen Sie sich selbst nicht zu ernst, betrachten Sie sich selbst auch mal mit einer freundlichen Distanz: »So ein Blödsinn, was ich da wieder gemacht habe! Jetzt habe ich wieder seine Verstecke durchsucht!«

Was Sie auf keinen Fall tun sollten!

Sich selbst zu sehr bemitleiden! Und: Vor lauter Frust essen und essen, um schließlich jeden Respekt vor sich selbst zu verlieren! Sport ist nicht nur gut für die schlanke Linie, er knüpft auch soziale Kontakte – und er verändert Ihre Gehirnphysiologie! Eine couch potato, eine »Sofakartoffel«, die sich das Leben anderer mehr oder minder künstlicher Menschen in der *Lindenstraße*, im *Marienhof* oder sonst wo »reinzieht«, lebt mehr in der Phantasie als in der Realität. Noch ein paar Chips, ein paar Erdnüsse und eine Tafel Schokolade dazu – da *muss* man ja depressiv werden! (Ich schaue mir regelmäßig *Die Simpsons* an. Da gibt es wenigstens was zu lachen über den fresssüchtigen Vater, den frechen Sohn, die superschlaue Tochter und die Mutter mit dem blauen Haarturm.)

HeldInnen haben es schwer

Als älteste Kinder aus Suchtfamilien setzen Sie womöglich Ihre Rettungsbemühungen um einen suchtkranken Vater oder eine suchtkranke Mutter in ihrer eigenen Beziehung fort: »Hier *muss* es mir doch gelingen!« Hören Sie auf damit! Der Abschied von Größenideen gehört zu einem wesentlichen Teil des Heilungsprozesses für Co-Abhängige. Wenn man Co's darauf anspricht, sind sie oft nicht besonders begeistert, aber dann geben sie meistens doch zu erkennen, dass da was dran sein muss ... Ich bin doch nicht der große Samariter, der Retter, die Heilige! Gestehen Sie sich ein, dass beispielsweise der Alkohol doch stärker ist!

Die Kapitulation

Hätte Hitler mit seinen Generälen die Einsicht gehabt, dass der Krieg verloren war, und nur acht Monate früher kapituliert, wäre das lebensrettend gewesen für etwa die Hälfte der sinnlosen Opfer des Zweiten Weltkrieges. Aber der todessüchtige Hitler (Sohn eines Alkoholikers, der ihn mehrfach fast totgeschlagen hatte, und einer verwöhnenden Mutter) versammelte genügend wahnsinnige Männer um sich, die meinten, noch mit einem Volkssturm aus Rentnern und Schulkindern den Krieg gewinnen zu können. Jeder, der etwas anderes glaubte und das zu sagen wagte, wurde erschossen.

Im Grunde ging es den meisten Generälen nur darum, das Gesicht nicht zu verlieren, die Schmach der Niederlage zu vermeiden. Da leugnet man die Realität und lässt Millionen über die Klinge springen. (Übrigens war auch Hitlers Gegenspieler Stalin Kind eines Alkoholikers. Es wäre interessant, die auffallenden Parallelen in der Haltung beider Diktatoren, vor allem ihr Verhältnis zur Gewalt, ihre unvorstellbare Grausamkeit, unter diesem Gesichtspunkt zu untersuchen.)

Wie das Beispiel zeigt, ist im Leben die Kapitulation nicht unbedingt das Schlechteste. Der Boxer, der sich einem übermächtigen Gegner gegenübersieht, tut gut daran, im Dienste seiner Gesundheit das Handtuch werfen zu lassen. Wer das nicht tut, könnte zum Beispiel so enden wie einer der besten Boxer aller Zeiten, Muhammad Ali, der am Ende seiner Karriere einige Kopftreffer zu viel bekam. Damit war sein eigener Größenwahn schlagartig zu Ende. Niemand wagt ihn wahrscheinlich zu fragen, ob er einige seiner sportlichen Entscheidungen im Nachhinein bereut ...

Der Alkoholiker muss vor dem Stoff kapitulieren genauso wie der Opiatabhängige oder der Medikamentensüchtige. Das fällt Menschen, die mit einer Selbstwertproblematik kämpfen, sehr schwer, auch Co-Abhängigen.

Der Trauerprozess

Nach dem langen Leugnen – alles nicht so schlimm, das kriegen wir schon hin! – dauert es oft ebenfalls lange, bis der Rest des

Trauerprozesses beim Co-Abhängigen durchlaufen ist. Die Wut ist das nächste Stadium, das lange andauern kann. Aber das Lamento hilft nicht. Wer sich dann noch ausgiebig mit dem Feilschen aufhält, verliert wieder wertvolle Zeit. Oft bedeutet das, dass man parallel zum Süchtigen meint, ein bisschen was ginge ja immer noch ...

Erst die eigentliche Trauer über die Vergangenheit, die nicht mehr zu ändern ist, bringt den Co weiter, schließlich auch zur Annahme seines Schicksals. Wenn es gelingt, dieses letzte Stadium *gemeinsam* mit dem Partner zu erreichen, wäre das optimal.

»Wer einen Schnarcher untersucht, sollte die Partnerin nicht vergessen«

So die Schlagzeile der »Ärzte-Zeitung« vom 19. September 1999. Typisch, dass man auch bei Schlafproblemen die mitleidenden »Co's« lange vergessen hat, wie bei der Sucht in aller Regel Frauen!
Im Rahmen einer Untersuchung schliefen im Schlaflabor der berühmten Mayo Clinic die Partner wie gewohnt (!) im Doppelbett. Solche Untersuchungen sind notwendig, da Schnarcher mit einer so genannten Schlafapnoe, einem Aussetzen der normalen Atmung während des Schlafes, vermehrt herzinfarktgefährdet sind, sich tagsüber müde fühlen und gehäuft in Unfälle verwickelt sind. (Nicht selten sind dies stark übergewichtige, mehrfach süchtige Männer wie einer meiner Patienten – ein Arzt, der allerdings so einsichtig war, getrennt von seiner Partnerin zu schlafen.) Die hier

in der »Ärzte-Zeitung« zitierte Studie konzentrierte sich erstmals auf die Partnerinnen: Ihr Schlafverlust pro Nacht betrug im Schnitt mindestens eine Stunde. Außerdem war die Schlafqualität im Sinne von Schlaftiefe (die sich sehr gut im EEG messen lässt) stark reduziert. Durch eine Therapie konnte man nicht nur dem »Schnarcher«, sondern auch der geplagten Ehefrau helfen ... Apropos Schlaf: Der Schlaf des Alkoholikers ist kurz und miserabel. Partnerinnen beklagen sich häufig über den üblen Geruch, aber auch über massives Schwitzen, Unruhe und häufige Gänge zur Toilette, da der Alkohol als Trinkmenge zum Tragen kommt, aber auch als Medikament, das die Harnausscheidung steigert.

Millionen Menschen ohne Lobby – Wege aus der Co-Abhängigkeit

Selbsthilfegruppen für Co-Abhängige

Da Co-Abhängige auf vergleichsweise wenig konkrete Unterstützung von außen hoffen dürfen, können Selbsthilfegruppen hier eine wichtige Rolle spielen. Die ersten eigenständigen Gruppen für Angehörige entstanden Anfang der 50er-Jahre in den USA im Bereich der Zwölf-Schritte-Bewegung (zum Beispiel die Anonymen Alkoholiker AA). Bis 1949, so die Öffentlichkeitsinformation von Al-Anon, nahmen die Angehörigen und Freunde an den Meetings der AA teil. Sie waren also zunächst mehr ein Anhang der Suchtkranken als Menschen, die primär selbst Hilfe brauchten. Heute hat sich das gewandelt: »Weltweit gibt es in mehr als 112 Ländern über 30 000 Al-Anon-Familiengruppen.« In Deutschland begann es mit einer amerikanischen Al-Anon-Gruppe mit deutscher Beteiligung, bis 1967, also vor kaum mehr als 30 Jahren, die erste *deutsche* Gruppe in das Al-Anon-Weltregister aufgenommen wurde.

1973 gab es die erste Alateen-Gruppe für die Kinder von AlkoholikerInnen, seit einigen Jahren gibt es zusätzlich die ACA- oder EKA-Gruppen für **E**rwachsene **K**inder von **A**lkoholikern. 1998 zählte man in Deutschland immerhin fast 1 000 Selbsthilfegruppen nach dem AA-Modell für Angehörige. Dazu kommen die Gruppen anderer Organisationen, deren Zahl nach meinen Recherchen kaum zu ermitteln ist. Das Blaue Kreuz weist zum Beispiel für den Großraum München drei Gruppen ausschließlich für Angehörige aus, lädt diese aber prinzipiell auch zu allen anderen Gruppen ein.

Trotzdem: Ingrid Arenz-Greiving, die seit vielen Jahren auch im Angehörigenbereich arbeitet und sich dort bestens auskennt, bestätigte auf Anfrage meine Vermutung, dass Angehörigengruppen nicht selten ein Schattendasein führen, zum Teil sogar fast als Bedrohung für klassische Gruppen Suchtkranker empfunden werden. Es steht immer noch die Hilfe für die Suchtkranken im Mittelpunkt, ganz im Sinne des Mobiles, das sich fasziniert auf den Süchtigen konzentriert und ausrichtet.

Inhalte und Sinn der Angehörigengruppen

Als Beispiel sei hier wiederum das Programm der Al-Anon-Gruppen genannt: Angehörige und Freunde können lernen,
- von ihren Problemen Abstand zu gewinnen und wieder zu sich selbst zu finden,
- Angst und Schuldgefühle abzubauen sowie durch eine neue zuversichtliche Einstellung ihr Leben wieder zu meistern,
- durch Erfahrungsaustausch sich selbst und die Krankheit Alkoholismus immer besser zu verstehen und damit Kraft und Hoffnung zu gewinnen und zu vermitteln,
- den Alkoholiker durch ihr Verständnis zu ermutigen und zu unterstützen,
- sich durch das Praktizieren des Zwölf-Schritte-Programms selbst geistig zu entwickeln.

Anonymität, ein wichtiges Grundprinzip der Gemeinschaft, schafft zudem eine Umgebung für Vertraulichkeit und gewährleistet Verschwiegenheit.

Alateen versucht, den Jugendlichen nahe zu bringen, dass der Alkoholismus eines Elternteils oder eines engen Freundes nicht die ganze eigene Kraft und alle Gedanken beeinflussen und damit die eigene Lebensqualität beeinträchtigen muss. Die jungen Menschen sollen lernen, sich von den alkoholbedingten Problemen zu lösen, ohne aber den Freundeskreis oder die Familien zu verlassen und ihre Eltern weniger zu lieben.

Wie ich schon im Buch *Die Liebe und der Suff...* beschrieben habe, tragen die meisten Erwachsenen Kinder von Alkoholikern die Probleme ihres Elternhauses ein Leben lang mit sich herum. Sie haben fast alle Probleme mit ihrem Selbstwertgefühl, Schwierigkeiten mit Veränderungen, neigen zu komplizierten Beziehungen – und sind last, not least selbst erheblich suchtgefährdet: von der Arbeitssucht über Drogen und Alkohol bis hin zu Essen und Zigaretten.

Nicht selten finden sich in Suchtfamilien merkwürdige Rollen, die sich im Familienkontext herausbilden und dort systemisch Sinn machen. In der Reihenfolge der Geschwister sind die Ältesten meistens HeldInnen, die zum Beispiel per Arbeitssucht die positive Aufmerksamkeit auf sich ziehen. Die Nächsten sind in der Regel Sündenböcke, die es umgekehrt machen: Auch über Negatives erhalte ich Zuwendung, beispielsweise über Drogen, frühe Schwangerschaft etc. Die dritten Kinder bleiben oft, ein Segen für die Familie, unbeachtet, sind verloren, neigen deshalb zu Tagträumen, aber auch zu oraler Ersatzbefriedigung durch Essen. Die Jüngsten schließlich sind meistens Maskottchen oder Clowns, wenig realitätstüchtige Babys, die bei häufig gestörter Elternbeziehung noch lange zu Hause bleiben sollen.

Feiertage – der Horror für Suchtfamilien

Insbesondere Weihnachten, das Familienfest, kann in Familien mit Suchtproblemen zum Desaster werden. Jeder fürchtet sich vor zu viel Nähe, am meisten der Süchtige selbst. Im Zweifelsfall wird er sich »zuschütten« wie der Vater eines Patienten, um nach seiner Rückkehr aus der Kneipe noch ein paar tapsige Versuche zu machen, beim Schmücken des Weihnachtsbaumes zu helfen. Die Stimmung ist dahin, die Mutter sitzt heulend in der Ecke ... Schon hat der Vater wieder einen Grund, wutschnaubend das Haus zu verlassen. Spätestens jetzt heulen auch die Kinder ...

Selbst wenn diese Kinder das Elternhaus längst verlassen haben, haben sie mit ihrem Leben als Erwachsene oft erhebliche Probleme, weil sie gefühlsmäßig immer noch stark an die Familie gebunden bleiben. Andere erkennen erst jenseits der Lebensmitte, dass die Schrecken des Alkoholismus schmerzhafte Nachwirkungen hinterlassen haben.

Die Schamschwelle überschreiten

Wichtig ist, dass die Angehörigen loslassen und bereit werden, ihr Gefühlsleben von dem des Süchtigen zu trennen. In Selbsthilfegruppen wird dies zu Beginn oft als Gefühlskälte oder Gleichgültigkeit missverstanden. Manche denken sogar, dass damit auch eine körperliche Trennung vom Suchtkranken verbunden ist. Eine solche »Trennung« bedeutet aber nur, sich so weit zurückzuziehen, dass die natürlichen Konsequenzen beispielsweise des Trinkverhaltens dem Alkoholiker überlassen werden und man ihm bei seinen Bemühungen um ein neues Leben nicht im Wege steht.

Wege aus der Abhängigkeit – unabhängig sein

Loslassen ist also das Zauberwort. Es gehört zum Konzept von KLAR beziehungsweise KLARHEIT. Die Klarheit steht insgesamt gegen den Sumpf und die Unsicherheit, die Sucht für die Kranken und für die Angehörigen bedeutet. Nur mit einem klaren Konzept im Kopf bekommen wir das, was wir wollen, in diesem Fall geistige und seelische Gesundheit.

K bedeutet *Konfrontation*, aber auch *Konsequenz*. »Ich lasse es nicht mehr zu, dass die Sucht mein Leben dirigiert. Bisher ist schon vieles passiert, zum Beispiel ...«

Das **L** steht eben für *Loslassen*, aber auch *Lenken*. Das heißt, sich in einem Gespräch mit dem in seiner Krankheit trickreichen Suchtkranken nicht über den Tisch ziehen zu lassen und den Fokus A wie Alkohol beizubehalten.

A steht für *Abgrenzen* gegenüber gefühlsmäßigen Übergriffen in Form von Wut oder, nicht besser, Sentimentalität und Selbstmitleid (»Ich armes Schwein! Du musst mir doch helfen, wie du es so oft getan hast! Ein letztes Mal, bitte!«)

R heißt schließlich *Ruhe bewahren*, sich emotional in gesunder Form abgrenzen und nicht irritieren lassen.

Ingrid Arenz-Greiving hat dem hinzugefügt: **H** wie *Humor*, also Heiterkeit und Leichtigkeit; **E** wie *Ehrlichkeit* mit sich selbst und anderen; **I** wie *Intelligenz* – soziale Intelligenz, Einfühlungsvermögen, Sensibilität; **T** wie *Toleranz*: die Gefühle, Gedanken und Erfahrungen anderer gelten lassen.

Öffentlichkeitsarbeit

Wir müssen uns beim Problem der Angehörigen der besten und modernsten Mittel der Werbung bedienen. Wenn uns die großen Drogenkonzerne mit Reklame für Alkohol und Nikotin bombardieren, müssten wir mit originellen Antithesen beziehungsweise der *Werbung für ein gesundes Leben* genauso Aufmerksamkeit erregen und Fortschritte erzielen können. Sicher setzen wir mit der Verkündung eines den Angehörigen von Suchtkranken gewidmeten Jahres ein erstes wichtiges Signal. Wir müssen aber noch spektakulärer und frecher werden, um die Öffentlichkeit auf die Tragödien in vielen Familien aufmerksam zu machen. Es geht hier um eine gesunde Gegenaggressivität für eine gesunde Sache, um die Kraft, die die Angehörigen von Suchtkranken benötigen.

Therapeutische Strategien

Die Weisheit des Lebens besteht im Ausschalten der unwesentlichen Dinge

Dieses chinesische Sprichwort lässt sich gut auf die Psychotherapie und ihre Methoden übertragen. Die Aufgabe des Therapeuten besteht darin, immer wieder auf die wesentlichen Themen zurückzukommen und dem Patienten zu helfen, diese auch zu einem Ende zu führen. Das wird nicht immer beachtet. In unendlichen, unendlich langen Gesprächen geht es immer wieder um dasselbe. Gerade bei Co-Abhängigen kann es so passieren, dass die Therapie paradoxerweise die Funktion bekommt, das pathologische Gleichgewicht in der Suchtfamilie oder -beziehung zu *erhalten*. Durch die wöchentlich vorhandene Möglichkeit, all den Ärger, die Trauer, die Verzweiflung abzuladen, lässt der Leidensdruck wieder so weit nach, dass letzten Endes doch nichts passiert.

Psychotherapie und Fotografie

Das oben zitierte Sprichwort findet eine interessante Parallele in der Fotografie. Warum sind Millionen von Aufnahmen so langweilig und nichts sagend? Es liegt kaum an der Technik. Die ist heute selbst für Laien so hervorragend, dass man eigentlich bessere Ergebnisse erwarten müsste. Der Fehler vieler Knipser besteht darin, dass sie möglichst *viel* auf ein Foto bannen wollen. Geht es nun um das unscharfe Baudenkmal im Hintergrund oder um Tante Erna vorne? Weitwinkelaufnahmen, die wirklich die Atmosphäre eines Platzes, eines Raumes, einer Naturschönheit wiedergeben, sind die Ausnahme.

Das Geheimnis liegt also im *Weglassen*. Zunächst muss ich natürlich überlegen, was ich demjenigen mitteilen will, der das Foto später sieht, oder was ich selbst zur Unterstützung meiner Erinnerung mitnehmen möchte. Das ist also der Inhalt. Darauf muss sich der Fokus richten. Dabei gibt es schon genug Probleme: Ist es zum Beispiel das ganze Gebäude oder ist es anders gesehen die ganze Beziehung – oder nicht doch ein bestimmter Zusammenhang, eine bestimmte Kommunikationsfalle, wie sie etwa in Loriots genialen Eheszenen beschrieben werden?

Dann muss man gemeinsam noch genauer nach den Details schauen. Was ist das Verletzende an der Aussage »Das Ei ist hart!« oder an der »Antwort« »Zu viel Eier sind gar nicht gesund!«? Worum geht es eigentlich, wie bei Friedemann Schulz von Thun in den drei Bänden *Miteinander reden* so einleuchtend beschrieben: Welcher Anteil der Nachricht ist der wichtige, mit welchem Kommunikationsstil wird sie vorgebracht, welcher Aspekt wird vom anderen wahrgenommen? Laut Schulz von Thun hat eine Nachricht immer vier Seiten: die Sachmitteilung, den Appell an den anderen, die Beziehungsbotschaft und last, not least eine Mitteilung über die Person, das Selbst des Sprechenden. Diese vier Aspekte können wiederum vom anderen mit unterschiedlichen »vier Ohren« wahrgenommen werden.

Im Beispiel von Schulz von Thun geht es um einen klassischen Partnerdialog. Sie fährt (ausnahmsweise), er kommentiert: »Du, da vorne ist Grün!« Die passende (?) Antwort: »Fährst du oder fahre ich?« Wie bei Loriot geht es natürlich nur vordergründig um den Austausch von Sachinformationen. Dahinter schwelen die nicht ausgetragenen aufgestauten Gefühle, die in Loriots Dialog über das harte Ei bekanntlich in der stillen Drohung enden: »Ich bringe sie um. Morgen bringe ich sie um!«

> **»Die Kunst des Lebens ist die Kunst des Weglassens.«**
> *Coco Chanel*

Nach dem Weglassen des Unwesentlichen sollte es um die Lösung gehen: Wie würde ich mich wohler fühlen? Wenn ich endlich einmal sagen könnte, dass ...! Oder wenn der Partner auch mal zugeben könnte, was er/sie falsch gemacht hat. Oder sich entschuldigen würde. Wenn wir mehr Zeit hätten, unsere Standpunkte zu klären usw.

Jammern und Grübeln: verschwendete Energie

Nichts ist unproduktiver als *Jammern*. Dieses ähnelt im Übrigen in vieler Hinsicht der Sucht und wird von Süchtigen wie Co-Abhängigen gerne gepflegt, auch in Therapien, solange der Therapeut nicht unterbricht. Auch Sie sollten, falls Sie sich dabei ertappen, *sofort* damit aufhören. Lautes Klagen oder mal wirklich losbrüllen ist etwas ganz anderes.

Eine geniale Werbung der vergangenen Jahrzehnte war das HB-Männchen: Nach durchschnittlich drei bis vier heftigen Frustrationen ging es wutschnaubend in die Luft, um vom freundlichen Zigarettenkobold wieder heruntergeholt zu werden. »Wer wird denn gleich in die Luft gehen? Greife lieber zur HB – und alles geht wie von selbst.« Das ist ja nun leider nicht der Fall. Für unsere Wut müssen wir produktive Lösungen finden. Die hier vorhandene Energie sollte nicht verpuffen. Warum nicht mal in die Luft gehen, tief Luft holen und dann einen kleinen Schritt in die richtige Richtung wagen?! Jedenfalls gibt es dann keine Kopf- und keine Magenschmerzen.

Eine ebenso süchtige Angewohnheit ist das *Grübeln*, beliebt wiederum bei beiden Zielgruppen. Grübeln ist eine degenerierte, unproduktive Abart des Denkens. Kein Mensch kann sich ernsthaft vorstellen, dass Grübeln zu konstruktiven Ergebnissen führt. Trotzdem tun es viele oft, manche jeden Tag.

Was könnte der geheime Sinn sein? Wir verbrauchen viel Zeit und Kraft. Für echte Alternativen bleibt keine Energie. Und wir vermeiden die Angst, die mit vernünftiger Aggression, mit dem Herangehen an neue Ziele verbunden ist.

»Es geht doch nicht anders! Sonst bringt er sich noch um. Außerdem: Wohin sollte ich denn gehen? Und habe ich dann genug Geld zur Verfügung? Wenn er nicht trinkt, ist er ja eigentlich ganz nett. Andere Männer sind auch nicht viel besser ... Und ob ich noch einen finde? Was würden die Leute denken? Die halten uns immer noch für das ideale Paar. Die fallen ja aus allen Wolken. Und wie stehen wir dann da? Die armen Kinder. Ja, denen kann ich das nicht antun.«

So kreist und kreist der Strom der Gedanken. Ein Freund erzählte mir einmal, dass er auf einer Bergtour mit Freunden in einen schweren Sturm geriet. Auf dem Weg Richtung Tal waren sie schon eineinhalb Stunden gelaufen, als sie sich plötzlich an derselben Stelle wieder fanden. So ähnlich ergeht es dem Grübler, der zirkulär denkt. Da kann sogar das eigene Leben in Gefahr geraten.

Weglaufen kann jedes Pferd

Im Prinzip argumentiere ich keineswegs für das Weglaufen, das in heutigen Beziehungen oft allzu schnell praktiziert wird. Eine Krankenversicherung ist sich nicht zu schade, unter das Bild eines glücklichen Hochzeitspaares die Zeile zu setzen: »Dauert durchschnittlich 7 Jahre« – während die Beziehung zur Versicherung (angeblich) lebenslang dauert ...

Die vielen Scheidungen und Trennungen werden uns in den nächsten Jahren indirekt noch wesentlich mehr Suchtkrankheiten bescheren. Ich verstehe nicht, warum es schick sein soll, »lieber allein erziehend« zu sein. In manchen Schulklassen bilden Kinder mit einem Elternteil schon die Mehrheit. Übrigens: Es gibt keine außerehelichen Kinder, es gibt nur außereheliche Eltern.

Niemals kann eine Mutter den Vater ersetzen, umgekehrt natürlich auch nicht. Kinder brauchen männliche *und* weibliche Identifikationsfiguren. Besonders problematisch ist die Entwertung des jeweils abwesenden Partners. Die Kinder lieben *beide* Elternteile. Aus Protest werden sie dann manchmal zum Beispiel »genau wie der Vater«.

Es geht hier um *alle* Formen der Sucht, nicht nur um Drogen und Alkohol. Die neuesten Zahlen über einen drastischen Anstieg der Nikotinsucht bei Jugendlichen sind erschreckend. Das ist eine Zeitbombe, die lange ticken und eines Tages hochgehen wird. Hier fragt man sich, warum Eltern und/oder Alleinerziehende nicht auch mal Nein sagen können! Wer nicht riecht, dass das eigene 14-jährige Kind nach Zigaretten stinkt, kommt ihm vielleicht nicht nahe genug ...

Für schamlose Sex- und Gewaltsendungen gibt es einen Aus-Schalter am Fernseher. Aber gerade Alleinerziehende sind hier oft überfordert. Zudem nützen die Kinder die Trennung der Eltern aus und spalten: Was der eine Elternteil nicht will, geht vielleicht beim anderen. Mit »Toleranz« – oder ist es Vernachlässigung? – kann man sich kurzfristig sehr beliebt machen. Für die mittelfristigen und langfristigen Folgen ist dann die Gesellschaft da, zum Beispiel Lehrer und Psychotherapeuten, aber auch die Polizei und Gerichte.

Trotzdem: Eine Trennung kann die Lösung sein

Um den Wert und die Wahrheit einer möglichen Entscheidung zu prüfen, kann der Betroffene folgende Übung machen:

Tun Sie einmal so, als seien Sie schon getrennt! Sie sitzen in der eigenen Wohnung (beziehungsweise Ihr Partner ist nicht mehr da): Wie fühlen Sie sich? Was geht in Ihnen vor? Was würden Sie alles tun?

Hier kommen neben vielen guten Gedanken – Endlich in Sicherheit! Keine Angst mehr vor bösen Überraschungen! Frieden! – natürlich auch Ängste hoch, zum Beispiel vor dem Alleinsein. Aber: Lieber geprügelt werden, gedemütigt und unterdrückt als frei?

Wenn es einmal vorbei ist, gibt es kein Zurück mehr. Das Argument »Aber die Kinder ...« ist fast immer ein Alibi. Die Kinder möchten häufig klare Verhältnisse und ziehen ein Ende mit Schrecken einem Schrecken ohne Ende vor. Mit Recht nehmen sie es sogar ihren Eltern sehr übel, wenn jahrelang tatenlos zugeschaut wird, womöglich bis zum bitteren Ende, bis zum tödlichen Unfall, Mord oder Selbstmord.

Es kann also sinnvoll sein, alle möglichen Folgen einer Trennung einmal *konkret* durchzudenken und durchzufühlen. Damit verliert diese Perspektive auch viel von ihrem Schrecken, so wie man ängstliche Menschen nicht in ihrem Vermeidungsverhalten unterstützen soll, sondern sie nach und nach mit der Angst auslösenden Situation konfrontiert. Sonst sitzen sie nachher nur noch im Haus, vielleicht ohne Angst, aber auch ohne jede Perspektive. Das soll Co-Abhängigen nicht passieren. Sie müssen hinaus ins (nicht immer feindliche) Leben.

Eine Scheidung ist heute kein Ruin mehr, außer man hat vorher unsinnige Eheverträge unterzeichnet. Die konkrete Auskunft eines guten (und nicht zu teuren) Rechtsanwalts kann für Beruhigung sorgen. Dann ist man gedanklich und gefühlsmäßig besser gerüstet, wenn es wirklich dazu kommen sollte. In diesem Zusammenhang ist vielleicht auch eine so genannte Mediation möglich, die eine Scheidung oder Trennung ohne Kampf vorbereiten hilft. Das ist auch für die Kinder ein entscheidender Vorteil: Dass die Eltern nicht mehr miteinander können, haben sie oft schon vor Jahren kapiert. Dass man daraus erwachsene Konsequenzen zieht und nicht als »Todfeinde« auseinander geht, könnte ein wichtiges gutes Modellverhalten in einer ansonsten schlimmen Situation sein.

Wer Kinder zum Kampf missbraucht, disqualifiziert sich selbst

In Suchtfamilien kommt es noch häufiger als in anderen dysfunktionalen Familien vor, dass Kinder missbraucht werden, um dem Partner »eins auszuwischen«, um sich zu rächen. Dabei geraten die Kinder auf eine Ebene im Mobile, wo sie nicht hingehören: auf die Ebene der Eltern. Dort fühlen sie sich unwohl, zum Teil aber auch geschmeichelt vom jeweils missbrauchenden Elternteil. »Jetzt bin ich ja *so* wichtig! Der Vater ist wirklich ein Mistkerl, dieser Säufer.«

Bei Jungen kann in dieser Konstellation auch ein unbewusster ödipaler Wunsch zum Tragen kommen: Endlich ist der Vater als Nebenbuhler weg, endlich habe ich die Mutter für mich allein. Umgekehrt kann eine Tochter den Entschluss fassen, bloß nie etwas mit Männern anzufangen. »Ich werde meiner Tochter noch rechtzeitig beibringen, die Männer zu hassen!« – So die Drohung einer süchtigen Mutter, die von ihrem alkoholabhängigen Vater sexuell missbraucht worden war.

Eklektische oder Integrative Therapie

Diese Therapie, abgeleitet vom griechischen Wort »eklegein« (= auswählen), meint die Verwendung von Strategien aus verschiedenen Therapieformen. Strikte »Schulen« haben weder in der Suchttherapie noch bei Co-Abhängigkeit etwas zu suchen. Die Methoden müssen dem Patienten angepasst werden, nicht umgekehrt. Es hat mich gefreut, dass Kollegen ganz unterschiedlicher therapeutischer Ausrichtungen mit der Darstellung meiner Therapie in meinem Buch *Die Liebe und der Suff* ... etwas anfangen konnten. Nur ideologisch Vergatterte gaben durch Missachtung oder Schweigen zu erkennen, dass sie nicht einverstanden waren. Wer hilft und heilt, hat Recht.

Wenn die tiefenpsychologisch fundierte Psychotherapie für mich die Grundlage ist, beruhend auf Konzepten von Freud und seinen Nachfolgern (zum Beispiel Reich, Perls, Frankl), so heißt das nicht, dass ich verhaltenstherapeutische Interventionen nicht ebenso verwende. Eine Änderung im Verhalten ist bei Co-Abhängigen genauso wie bei Süchtigen unbedingt erforderlich. Deshalb muss die Therapie eng an der konkreten Situation bleiben und kognitiv, das heißt im Kopf, Änderungsmöglichkeiten erarbeiten. Erfolge sind zu loben und zu feiern. »Haben Sie Ihr Kind heute schon gelobt?« steht auf einem der wenigen klugen Autoaufkleber. Auch wir Erwachsene wollen und brauchen Lob. Vielleicht wartet unserer inneres Kind auf nichts mehr als genau darauf.

> **»Von einem guten Kompliment kann ich zwei Monate leben.«**
> *Mark Twain, Sohn eines Alkoholikers*

Für Fehlschläge darf es keinen moralisierenden Tadel geben, sondern es muss die Frage gestellt werden: Worin liegt die Erkenntnis? Was kann ich beim nächsten Mal besser machen?

In *Die Liebe und der Suff...* habe ich weitere Elemente meiner Psychotherapie beschrieben, insbesondere den Umgang mit den Gefühlen *Ärger* und *Wut, Angst, Scham* und *Schuld, Trauer, Wut* und *Hass, Liebe* und *Lust, Lebensfreude* und *Schmerz*. Wesentliche Kapitel bezogen sich auf die häufigen Störungen Süchtiger wie Borderline-Syndrom und Narzissmus. All das möchte ich hier nicht wiederholen. Es geht vielmehr darum, die individuellen Strategien zu betonen und die Flexibilität des therapeutischen Settings. Es kann sein, dass einzelne Sitzungen schon entscheidende Weichenstellungen bewirken. Vielleicht dauert die Therapie auch 30, 50 oder 80 Stunden (dies sind die Genehmigungsschritte bei den gesetzlichen Kassen). In der Regel wird eine kurze intensive Phase mit wöchentlich einer, eventuell auch zwei Sitzungen vereinbart. Später ist oft eine Begleitung des Lebens in mehrwöchigen Abständen angesagt. Oder man spart sich ein bestimmtes Kontingent der Sitzungen für Krisensituationen auf.

Die Psychotherapien Co-Abhängiger, denen ich mich in den letzten Jahren vermehrt zugewandt habe, sind bei weitem weniger zeitaufwendig als die Suchtkranker. Es entfällt die Eigendynamik des Suchtmittels, das den Betroffenen ständig beeinflusst. Die bisherige Lebensbewältigung Co-Abhängiger ist, von Ausnahmen abgesehen, wesentlich besser als die von Süchtigen. Sie mussten zwangsweise viel lernen.

Ein Hindernis kann der Größenwahn mancher Co's sein, die ja schon immer »alles gewusst« haben – und das unbewusste Festhalten an der stärkeren Position. Je länger ich mit einem Suchtkranken zu tun habe, desto überlegener fühle ich mich. Der Kranke ist geradezu »pflegeleicht«. Ein nüchterner Partner kann furchtbar anstrengend sein, womöglich ist er einer Partnerin, die lange die Oberhand hatte, dann gar nicht mehr angenehm?! »Drei Tage war der Vater krank, jetzt säuft er wieder, Gott sei Dank!« Eine solche Aussage liegt nicht nur in der möglichen schlechten Laune des Vaters begründet, sondern auch in seiner angestammten Rolle, die er vielleicht wieder verstärkt wahrnehmen will.

Kann man Co-Abhängigkeit heilen?

Wie schon beschrieben, halte ich die Co-Abhängigkeit für ein Syndrom, nicht für eine Krankheit im engeren Sinne. Bei der in der Überschrift gestellten Frage denkt man unwillkürlich an die Sucht, die bekanntlich nur zum Stillstand gebracht werden kann, nicht aber zur Heilung, zur »restitutio ad integrum«, zur Wiederherstellung des heilen früheren Zustandes. Obwohl auch der Verlauf der Co-Abhängigkeit mit Stillstand, mit Rückfällen und vielen anderen Kriterien der Suchtkrankheit beschrieben werden kann, gibt es wesentliche Unterschiede. So gibt es zum Beispiel keine biochemische Verankerung des Geschehens im Kopf wie etwa beim Kontrollverlust des Alkoholikers. Co-Abhängigkeit kann also bei vielen Menschen aus ihrem Verhaltensrepertoire verschwinden, sicher aber nicht bei allen. Viele halten zäh daran fest, betreiben es weniger selbstschädigend, neigen aber immer wieder zu Partnerschaften, in denen Sucht, Kontrolle und Kontrollverlust, Scham und Schuld vorkommen. Sie selbst entscheiden letzten Endes, zu welcher Gruppe Sie gehören wollen.

Kompliziert wird es immer dann, wenn Co's im Süchtigen eigene Tendenzen gefunden haben und sie bekämpfen, wenn wir eigene Schwächen, das heißt auch Süchte mit ihrem Kontrollverlust, vielleicht delegiert haben, weil wir sie in uns selbst spüren.

Augenübungen – eine Wohltat für die Seele

Viele Menschen, besonders aber die Co-Abhängigen, neigen, wie schon erwähnt, zum Grübeln beziehungsweise zu dem, was sie »Nachdenken« nennen. Das Ergebnis: die Wiederholung der immer gleichen Fehler.

Denken und Schauen haben viel miteinander zu tun. Wer grübelt, starrt meistens auf einen imaginären Punkt im Nichts. So starr ist dann auch das »Denken«: keine Bewegung, kein Leben.

Um aus dieser Erstarrung herauszukommen, gibt es einige einfache Augenübungen. Sie stammen aus dem umfassenden therapeutischen Konzept von Wilhelm Reich, einem Schüler von Sigmund Freud, der dann eigene Wege ging und von dem letzten Endes sämtliche Körpertherapieschulen abgeleitet worden sind. Die Übungen habe ich vor vielen Jahren am eigenen Körper erfahren. Ergänzen werde ich sie mit Ideen aus anderen Schulen.

Setzen Sie sich locker auf einen Stuhl oder legen Sie sich auf eine Liege. Dann atmen Sie ein paar Mal tief durch, seufzen Sie! Achten Sie bei den Atemzügen auf eine deutlich verlängerte Ausatmung. Wir neigen dazu, den Atem »anzuhalten«, was ein Ausdruck von Angst sein kann. In der Ausatmung liegt dagegen Entspannung und Lust. Vielleicht lassen Sie den Kopf etwas kreisen und die Schultern. Danach machen Sie Folgendes:

1. Im entspannten Zustand mit den Augen ganz nach oben zur Decke schauen, dann nach unten zum Boden! Den Kopf nicht starr festhalten, aber versuchen, die Bewegung aus den Augen zu vollführen. Ein paar Mal hin und her. Sie werden merken, dass Ihre Augen erstaunlich beweglich und flexibel sind. Es kommt hier nicht auf Geschwindigkeit an. Konzentrieren

Sie sich auf das, was Sie sehen! Also keine leeren Bewegungen wie bei einer Puppe. *Schauen!!*

Sollte Ihnen im Magen komisch oder gar übel werden, sollten Sie eine Spannung im Kopf oder Schwindel spüren: die Übung abbrechen oder zumindest unterbrechen! Die Aktivierung der Augen bewirkt ein neues Energieniveau, das viele Menschen zunächst als unangenehm empfinden oder zumindest nicht ertragen können. Ein paar Mal tief durchatmen, ausatmen, eventuell noch einmal vorsichtig beginnen ...

2. Als Nächstes versuchen Sie oben rechts und links in die Ecken zu sehen!
3. Nun erholen Sie sich wieder, indem Sie, eine wichtige Übung, »mit den Augen klappern« wie eine Filmdiva. Durch die Unterbrechung des starren Blicks entspannen sich der Kopf, das Denken und Fühlen. Sie können natürlich auch aufstehen und ein bisschen herumwandern, sich strecken und dehnen (wie nach dem Autogenen Training). Hauptsache: wohl fühlen!
4. Nun die Augen in horizontaler Richtung bewegen, rechts und links bis ganz in die Ecken schauen, als müssten Sie da etwas entdecken!
5. Es folgt dieselbe Übung mit dem Bemühen, am Boden rechts und links etwas zu sehen, zum Beispiel im Teppichmuster.
6. Wenn Sie sich so weit wohl fühlen, kommen wir zur nächsten Übung: Wählen Sie einen schönen Gegenstand, ein schönes Bild in Ihrem Blickfeld aus. Es kann auch ein Baum vor dem Fenster sein oder eine Blume. Nun stellen Sie sich vor, Sie würden aus Ihren Augen einen positiven Energiestrahl in Richtung auf diese Blume, auf diesen Baum usw. schicken, eben Ihren »Blick«! Haben Sie den Kontakt? Dann nehmen Sie ihn jetzt wieder bewusst weg, schließen die Augen fast übertrieben.
Dasselbe ein paar Mal hintereinander. Sie werden »sehen«, wie der Kontakt zu dem Gesehenen immer intensiver wird.

Sie entdecken Details, die vorher scheinbar nicht da waren ... Also: Hin und weg, hin und weg, ganz im eigenen Tempo!
7. Versuchen Sie die Augen kreisen zu lassen, einmal rechtsherum, einmal linksherum, so flüssig wie möglich.
8. Nachdem Sie sich nun genügend bemüht haben, folgt die Schlussentspannung: Nehmen Sie Ihre offenen Hände vor sich – spüren Sie, wie angenehm sich die Innenflächen anfühlen?! – und legen Sie die Handballen (innen, an der Seite des kleinen Fingers) sanft auf die Augäpfel! Es sollte sich wie ein Samtkissen anfühlen. Die Nasenatmung darf nicht beeinträchtigt sein. Die Arme können Sie auf der Tischplatte aufstützen. Diese Übung setzen Sie so lange fort, wie es Ihnen gefällt, mindestens aber zwei Minuten. Zu Beginn sind die Augen noch unruhig, werden herumzucken. Das ist ganz normal. Es sind dies die bei offenen Augen notwendigen Einstellbewegungen (Nystagmus) des Auges. Dann werden sie immer ruhiger ...

Die Wiederholung bringt es

Diese Übungen sollten Sie täglich mindestens dreimal machen, wenn möglich häufiger, wann immer Sie zum Beispiel am Computer in innere Anspannung geraten. Die Starre des Denkens wird langsam einem weicheren Muster weichen. Ihr Augenausdruck wird sanfter und lebendiger, beweglicher. Achten Sie einmal darauf, wie gesunde Kinder schauen – oder Menschen, die sich einen Teil gesunder Kindlichkeit erhalten haben! Neugier und »Offenheit« gehören zu unseren wichtigsten Gaben. Wenn die Augen tot sind im Ausdruck, ist dahinter auch nicht mehr viel los.

Grimassen schneiden

Eine wichtige Ergänzung zu den Augenübungen ist das Grimassieren. Lassen Sie ganz einfach mal Ihr Gesicht entgleisen! Schneiden Sie Fratzen, wie Sie es seit Ihrer Kindheit nicht mehr gemacht haben! Spüren Sie in die Ausdrucksformen hinein: Was will da heraus? Ist es Wut oder Ärger, Angst, Scham, Trauer?

Sie können dann Ihr Gesicht leicht massieren mit beiden Händen, ganz sanft, vor allem die Stirn, die Schläfen, die Wangen, das Kinn. Angenehm ist auch eine Massage der Kopfhaut.

Brüllen

Ja, Sie lesen richtig: Brüllen Sie mal richtig los! Reißen Sie den Mund auf, so weit Sie können! Wenn es Ihnen in der Wohnung peinlich ist, weil andere zuhören könnten, nehmen Sie sich eine Bettdecke, knüllen Sie sie zusammen und brüllen Sie hinein. Oder Sie probieren es erst einmal im Auto: lauter! Ein guter Einstieg kann auch das Singen sein: Musik laut stellen, einen Schlager mitgrölen ... Bald wird es Ihnen viel Spaß machen.

Alles aber nicht forcieren! Horchen Sie auf Ihr Inneres, strengen Sie sich nicht künstlich an, um es, wie so oft in Ihrem Leben, »besonders gut« zu machen. Hier ist besonders gut, was für Sie ganz allein in Ordnung ist!

Die Energieübung

Eine Patientin brachte mir aus einem Kuraufenthalt ihr Ergebnis einer spannenden Übung mit. Die zwei nachfolgenden Zeichnungen geben wieder, wie sie nach ihrer Einschätzung mit dem Vorrat an Energie umgeht.

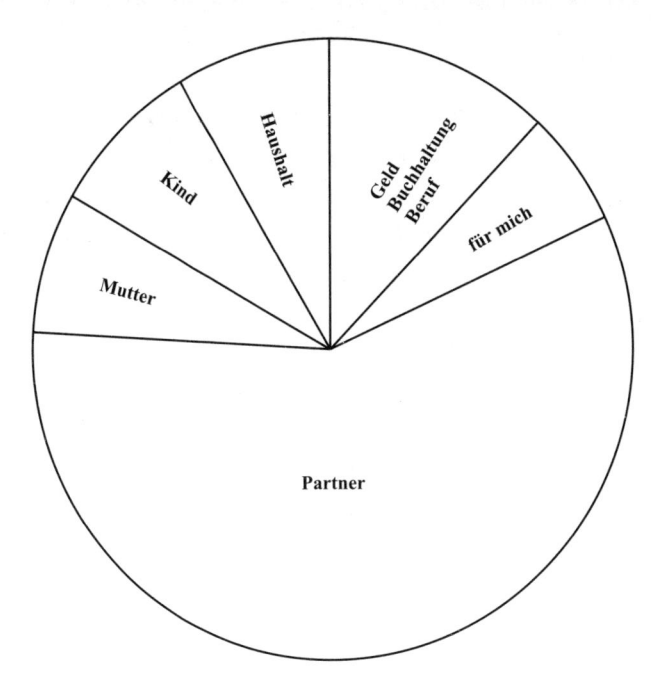

Wofür brauche ich wie viel Kraft?

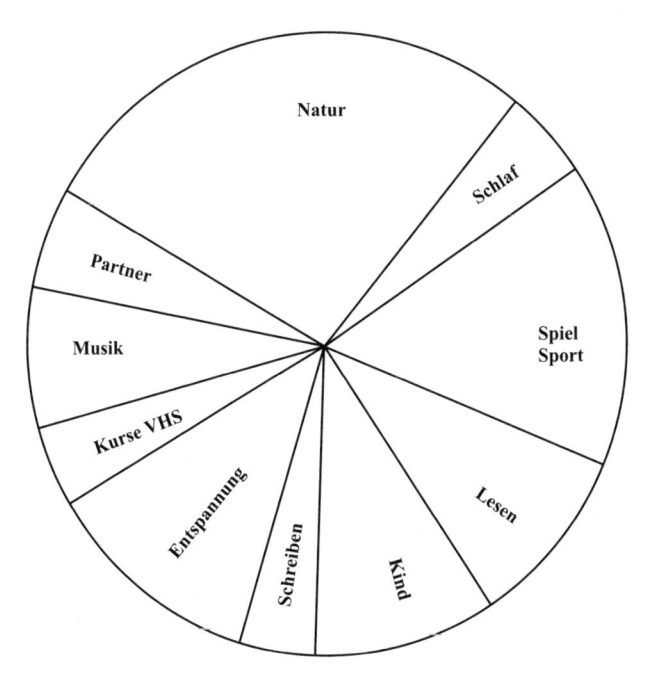

Segmente: Haushalt, Kind, Geld / Buchhaltung / Beruf, für mich, Mutter, Partner

Was/Wer gibt mir wie viel Kraft?

Segmente: Natur, Schlaf, Partner, Musik, Spiel Sport, Kurse VHS, Entspannung, Schreiben, Hund, Lesen

Bezeichnenderweise hat sie zunächst beschrieben, *wohin* die Energievorräte gehen, dann erst, *woher* sie sie hat. Inzwischen benutze ich die Übung bei all meinen Veranstaltungen, die in irgendeiner Form mit Selbsterfahrung zu tun haben. Als jemand dieselbe Reihenfolge wie die Patientin wählte, kam nicht unpassend der Kommentar: »Die fährt los, bevor sie überhaupt getankt hat.«

Woher kommen Ihre Kräfte? Ist es die Natur, der Schlaf, die Musik, die Kinder, der Partner, Sport, Lesen, Schreiben, Malen – oder auch die Spiritualität, Gott, der Besuch einer Gruppe ...? Die Liste ist beliebig erweiterbar.

Und wofür verwenden Sie Ihre Energie? Hoffentlich verschluckt (!) Ihr Partner oder Ihre Partnerin nicht wie bei der Patientin von eben über 50 Prozent des Kuchens (ursprünglich hatte sie sogar noch mehr dafür vorgesehen!): Das ist entschieden zu viel.

Natürlich kommen viele Dinge auf beiden Seiten vor: Kinder geben und nehmen, Sport gibt Freude und Kraft, kostet aber auch Energie etc. Menschen mit einem schönen Garten ernten oft die Bewunderung der Nachbarn, aber wer fragt schon, wie viel Schweiß dahinter steckt?

Allein das Anschauen der eigenen Energiebilanz schafft neue Perspektiven. Schlagartig ist deutlich und nicht mehr zu leugnen, wo wir unsere Energiefresser eingebaut haben, welche Kuchenstücke dringend größer oder kleiner geschnitten werden müssen.

> »Ich kann freilich nicht sagen, ob es besser wird, wenn es anders wird; aber so viel kann ich sagen: Es muss anders werden, wenn es gut werden soll.«
>
> *Georg Christoph Lichtenberg*

Vielleicht wiederholen Sie die Energieübung nach einem halben Jahr: Hat sich etwas zum Guten verändert? Denken Sie daran: »Ein Leben ohne Frohsinn ist wie eine Lampe ohne Öl.« (Walter Scott)

Ist Erfolg etwas Unanständiges?

Mehr noch als andere Menschen haben Co-Abhängige und Suchtkranke Schwierigkeiten mit dem Erfolg. Sie kämpfen sich durchs Leben, nur selten erreichen Sie ein Stadium der Zufriedenheit. »Wenn ich einmal reich wär ...« oder »Wenn das Wörtchen wenn nicht wär, wär mein Vater Millionär – dann würde mein Leben ganz anders verlaufen«. Dabei haben es alle Menschen in der Hand, aus eigener Kraft Phantastisches zu schaffen. Aber leider neigen die im Suchtmobile Gefangenen dazu, ihren Erfolg zu boykottieren. Vor oder unmittelbar nach erreichten Zielen schaffen sie es auf unnachahmliche Weise, doch wieder in emotionale, persönliche, finanzielle und berufliche Engpässe zu geraten. »Ohne Probleme wäre ich doch kein wertvoller Mensch!«, sagte mal eine Patientin, die sowohl suchtkrank als auch Kind eines Alkoholikers ist.

Hinter solchen Konzepten steckt sicher eine eigenartige Vorstellung von Gott. Gibt es wirklich nur eine höhere Macht, die streng und geizig darüber wacht, dass unsere Bäume bloß nicht in den Himmel wachsen? Als ich eine Kollegin einmal mit diesen Überlegungen konfrontierte, lachte sie, denn einerseits war sie gar nicht davon ausgegangen, ein spirituelles Konzept zu haben, andererseits musste sie feststellen, dass sie genau das strenge Bild hatte, das ich entwarf. Beinahe hätte ich jetzt gesagt: »Götter sind auch nur Menschen.«

Was mir durch den Kopf ging, war die völlig anders geartete Vorstellung der alten Griechen von ihren Göttern, die alle Schwächen der Menschen hatten – und trotzdem Götter sein konnten. Zeus war untreu, seine Frau eifersüchtig. Ein Gott hinkte (Hephaistos) – und die Götter lachten darüber. Aber auch unser christlicher Gott hat je nach Landstrich, Volk und Breitengrad ganz verschiedene Schattierungen.

> »In uns selbst liegen die Sterne unseres Glücks.«
> *Heinrich Heine*

Meines Erachtens gibt es keinen Grund, Gott als lust- und lebensfeindliches »Monster« zu sehen, wie es uns manche Kirchengruppierungen vermitteln. Sorgen und Kummer haben die Menschen genug. Dann sollen sie das Leben zwischendurch auch genießen. Jeder von uns, abgesehen vom größenwahnsinnigen James Bond (»Du lebst nur zweimal«), hat nur ein Leben – und das ist kurz genug. Die Aufgabe besteht darin, es zu bewältigen und es in vollen Zügen zu genießen. Ein Kriterium für unsere Entscheidungen im Leben sollte sein: Wie würde ich am Ende meines Lebens kurz vor dem Tod diese Situation beurteilen? Was würde ich bedauern, nicht oder doch getan zu haben? Wie viel Elend steckt in nicht gelebtem Leben, wenn nur noch die tiefe Trauer übrig bleibt, so viel verpasst zu haben ...

Co-Abhängige und Suchtkranke haben meistens in der Instanz, die wir Über-Ich nennen, destruktive Konzepte von Erfolg tief verinnerlicht. Oft sind sie sogar der Ansicht, es seien ihre eigenen Konzepte. Wenn man nach Wünschen und Träumen fragt, nach Möglichkeiten im Leben, die uns glücklich machen können oder könnten, kommen sehr schnell Einschränkungen, die Erfolg letzten Endes unmöglich machen.«»Erfolg geht immer auf Kosten anderer.« Oder andere Glaubenssätze wie »Sei bescheiden, es gehört sich nicht, sich nach vorn zu drängen«, »Wer hoch fliegt, kann tief abstürzen« etc. behindern uns an einer entscheidenden Stelle, nämlich im Kopf. Wie jede Veränderung letztlich im Kopf beginnt, so gilt dies auch bezüglich unseres Glücks und unseres Erfolges.

> »Gott sei Dank bin ich Atheist!«
> *Luis Buñuel*

Wer zur Sonne schaut, lässt den Schatten hinter sich

Ich muss zugeben, dass für mich Erfolgsbücher lange etwas Anrüchiges hatten. Erst nach Überprüfung meiner weitgehend unbewussten Überzeugungen konnte ich mich dazu entschließen, neue Türen aufzumachen und in Richtungen zu schauen, die mir früher verboten schienen. Ich wollte nicht, wie zum Beispiel unser Nationaldichter Goethe, in der Rückschau nur wenige Wochen meines Lebens als glücklich betrachten. Da muss der große Denker ein paar gravierende Fehler gemacht haben.

Wenn die Dinge nicht nach Plan gehen, kann es daran liegen, dass gar kein Plan existiert

Wenn wir keine Entwürfe, keine Pläne für unser Leben haben, torkeln wir halb benommen hindurch und kommen irgendwo an, wo wir gar nicht hinwollten. Und womöglich gibt es da einige

Mitmenschen, die die Pläne für uns schreiben. Dann dürfen wir uns darüber nicht beklagen!

Träume, die wir nicht haben, können nicht in Erfüllung gehen

Dieser Satz ist im Grunde ebenso trivial wie der über den vielleicht nicht existierenden Plan. Aber viele Menschen haben die Schere im Kopf so angesetzt, dass nur noch etwas Destruktives übrig bleibt wie »Träume sind Schäume«. Kennen wir die unendliche Freude nicht mehr, wenn wir uns zu Weihnachten ein blaues Fahrrad gewünscht haben, das laut Auskunft der Eltern viel zu teuer war, das wir aber dann doch bekommen haben!?

Abgesehen von vielen anderen Dingen sind mir persönlich zwei einfache Beispiele in Erinnerung geblieben, wie Träume manchmal auch nach längerer Zeit in Erfüllung gehen können. Als kleiner Junge war ich schon verrückt nach Tennis. Als ich dieses Spiel zuerst in natura und dann im Fernsehen gesehen hatte, wusste ich, was ich wollte. Leider war die Sache für eines von vier Beamtenkindern damals einfach zu teuer. Die Volksbewegung Tennis war noch längst nicht angerollt, Boris Becker und Steffi Graf waren noch nicht einmal geboren. Meine Leidenschaft und mein Traum blieben – und zu Beginn meiner Studentenzeit war der Tennisboom in vollem Gange. Man konnte für wenig Geld auf der Zentralen Hochschulsportanlage in München Kurse nehmen. Dieser Sport ist mir geblieben – und vielleicht betreibe ich ihn so lange wie meine Tante, die mit über 70 noch auf dem Tenniscourt stand.

Immerhin bekam ich von meinen Eltern, die sich alle Mühe gaben, uns eine gute Ausbildung und auch Freude am Leben zu vermitteln, Klavierstunden bezahlt. Unser Klavier war nicht schlecht, aber der Flügel in der Schule und der bei den Nachbarn war halt doch eine Klasse besser. Eines Tages würde ich auch einen Blüthner-Flügel besitzen ... Das war mit 15.

Mit 40, kaum 25 Jahre später, war es dann so weit. Es schien mir kein Zufall, wie der Kauf zustande kam: Ein Musikstudio wollte seinen bestens gepflegten Flügel verkaufen, da die verschiedenen Künstler immer wieder andere Instrumente wünschten. Ich fuhr hin und probierte mit einem Freund das Instrument aus. Dummerweise hatte ich nur eine Visitenkarte dabei, jedoch kein Geld und keine Kreditkarte. Ich sagte aber zu und fuhr etwas naiv wieder nach Hause. Ich würde am nächsten Tag nach der Arbeit kommen und das Geld bar bringen ... Schon mittags wurde ich im Büro angerufen von der Eigentümerin, ob ich bei meinem Entschluss bleiben würde? »Ja, auf jeden Fall!« Es stellte sich heraus, dass ein anderer Käufer einen glatten Tausender mehr geboten hatte und alles sofort bar erledigen wollte. Die Frau hatte aber offensichtlich gemerkt, wie ernst mir die Sache war, und blieb so fair, auch ihren Entschluss nicht zu korrigieren.

Das Modell der neun Punkte

Es gibt eine schöne Denksportaufgabe, die uns darauf hinweist, dass wir flexibel genug sein müssen, unsere Denkschemata zu verlassen, um wirklich Erfolg zu haben. Die Aufgabe ist ganz einfach: Verbinden Sie die im Folgenden abgedruckten neun Punkte mit insgesamt vier geraden Strichen, ohne abzusetzen:

○ ○ ○

○ ○ ○

○ ○ ○

Auch sehr intelligente Menschen probieren und probieren, ohne die Lösung zu finden.

Es geht einfach nur darum, den Rahmen der neun Punkte zu verlassen! Es hat ja niemand gesagt, dass man das nicht darf ... Damit ist die Lösung dann ganz einfach:

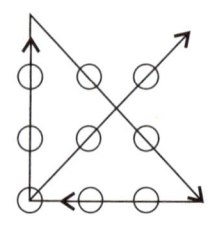

Anleitung zum Unglücklichsein

Der Psychologe Paul Watzlawick hat in seinem bekannten Bestseller schon in diesem Titel die üblichen Ratgeberbücher ironisiert. Um richtig unglücklich zu sein, muss man vor allen Dingen Folgendes beachten: Wenn man schon mehrfach versucht hat, ein Problem auf eine bestimmte Art zu lösen, und dabei immer wieder gescheitert ist, so muss man, um unglücklich zu sein, zu werden oder zu bleiben, diese Art der Problemlösung immer wieder inszenieren! Dazu bedienen sich Menschen ausgefeilter Systeme und glauben auch nach hundert Ausflügen in die Sackgasse noch, anders könne es doch gar nicht gehen ...

Das erinnert im Sport an eine Fußballmannschaft, die eigentlich feststellen müsste, dass der Gegner in der Mitte eine gute Verteidigung hat, dagegen auf den Flügeln verletzlich ist. Ein guter Trainer (oder ein guter Psychotherapeut) braucht nur darauf hinzuweisen, die Taktik zu ändern. Das Gleiche gilt für den Tennisspieler, der seinem Gegner ständig die Bälle auf dessen (vermeintliche) Rückhand spielt und sich wundert, wie hart sie zurückkommen. Verbissen versucht er es immer wieder. Dabei hat er vielleicht nur übersehen, dass sein Gegenüber ein Linkshänder ist, der wie fast zu erwarten eine stärkere Vor- als Rückhand hat.

»Machen Sie irgendetwas anders!«

Mit dieser Hausaufgabe entlasse ich manche Patienten bis zur nächsten Stunde. Das mache ich besonders gerne mit Patienten, die mir immer wieder minutiös bewiesen haben, dass unsere bisherigen Überlegungen zur Lösung von Problemen in dieser Form gar nicht klappen können.

»Die Gewohnheit ist eine zweite Natur«, sagte Cicero. Der Mensch als Gewohnheitstier kann sich nicht auf seine Instinkte verlassen. Aus lauter Angst, etwas falsch zu machen, bleibt man lieber beim alten Schema. Wenn wir aber eine Kleinigkeit anders gemacht, unseren Kurs vielleicht um ein oder zwei Grad verändert haben, folgen daraus viele weitere kleine Schritte, die uns an ganz anderen Punkten ankommen lassen als zuvor.

»Der Versuch ist der erste Schritt zum Versagen«

Dieser nur scheinbar komische, in Wirklichkeit grausam destruktive Satz, gesprochen vom ewigen Verlierer Familienvater Homer Simpson in der erfolgreichen TV-Serie aus den USA, wurde von vielen Menschen verinnerlicht. Überängstliche Mütter und Väter haben ihren Kindern eingegeben, am besten bleibe man still auf seinem Platz, dann kann am wenigsten passieren. Aber das Leben, darüber sind wir uns hoffentlich einig, schaut dann sehr triste aus.

Nur wer nicht handelt, macht auch keine Fehler. *Der Himmel hilft*, wie Sophokles sagte, *niemals denen, die nicht handeln wol-*

len. Wenn wir handeln und dabei 10 bis 20 Prozent Fehler machen, sind wir immer noch wesentlich weiter, als wenn wir uns vor lauter Angst nur im Haus eingeschlossen hätten. Also: »Erfolg hat nur, wer etwas tut, während er auf den Erfolg wartet«, so Thomas Alva Edison, der berühmte Erfinder, der von sich ohne Lamento behauptete, die Glühlampe zunächst »999-mal nicht erfunden« zu haben, bis es dann doch klappte.

Neid muss man sich sauer verdienen, Mitleid bekommt man nachgeworfen

Wenn wir auf dem möglichen Weg zum Erfolg sind, gibt es eine Menge Menschen, die sich als kluge Ratgeber und intelligente Kritiker geben, die uns aber im Grunde mit dem Gift des Neides, der Eifersucht und der Missgunst versorgen und vom Erfolg abbringen wollen. Julia Cameron (trockene Alkoholikerin) hat in ihrem schönen Buch *Der Weg des Künstlers* beschrieben, wie viele Menschen in ihren Kreativitäts-Workshops für Erwachsene darüber berichten, dass sie oft durch kleine, scheinbar harmlose, aber in Wirklichkeit bösartige Bemerkungen von Eltern oder von Lehrern oder so genannten Freunden davon abgebracht wurden, sich an kreative Tätigkeiten zu wagen oder diese auszubauen.

Sicher macht es Sinn, im Laufe der Entwicklung eines Kindes dessen Stärken und Schwächen herauszufiltern und behutsam zu lenken, aber das passiert noch viel zu selten. Ich glaube nicht, dass es an den Kindern liegt, wenn sie sich passiv mit Computerspielen oder mit Videos langweilen, dazu womöglich Chips essen oder gar rauchen. Ein gesundes Kind kennt das Gefühl der Langeweile nicht. Kinder können mit ihrer Kreativität und Phantasie aus einfachen Holzklötzen Märchenschlösser bauen. Sie haben an einer Stunde Basketball mehr Freude als an einem Formel-1-Rennen auf dem Bildschirm. Aber sie tendieren dazu, uns zu imitieren und damit die Fehler der Erwachsenen zu wiederholen.

Wenn wir uns nicht ändern, ändert sich gar nichts – oder »Sie bekommen, was Sie wollen«

Bei der ersten Bemerkung nicken viele Menschen noch verständnisvoll, weil sie es ja irgendwie gewusst haben, bei der zweiten schütteln viele den Kopf, weil das doch vermessen und fast unverschämt klingt. Über das »Wie« diskutiere ich nur, wenn das »Was«, das heißt das Ziel, präzise formuliert ist. »Wenn Sie Wischiwaschi wollen, bekommen Sie auch Wischiwaschi! Das ist überhaupt nicht böse gemeint. Sehen Sie, wenn ich hier in der Psychotherapiestunde nicht einmal weiß, was Sie genau wollen, obwohl wir genug Zeit haben, werden es die Menschen draußen erst recht nicht erkennen.«

Geld und Erfolg oder: Geld allein macht nicht unglücklich

Auf keinem Gebiet gibt es zwischen Süchtigen und Co-Abhängigen heftigere Konflikte wie beim Thema Geld. Der Über-Verantwortlichkeit der Co-Abhängigen steht die oft krasse Un-Verantwortlichkeit der Süchtigen gegenüber. Wo sich Süchtige zum Beispiel jeden Luxus gönnen, ohne lange nach dem Preis zu fragen, tendieren die Co's zum anderen Extrem.

Geldprobleme werden in der Psychotherapie häufig nicht angesprochen, da Geld ein typisches Mittelklassen-Tabu in Deutschland ist. Es ist einfach unanständig, darüber zu sprechen. Dabei kann man am Verhältnis mit Geld sehr viel darüber erfahren, wie jemand mit sich selbst umgeht.

Es ist unerwachsen und dumm, sich um seine finanziellen Dinge nicht zu kümmern. Wer in der glücklichen Lage ist, von einem Erbe, von Mieteinnahmen oder den Erträgen einer Firma leben zu können, sollte diesen Schatz festhalten und seine Zeit sinnvoll nutzen. (Vielleicht können wir vom superreichen Aristoteles Onassis lernen, der meinte, man solle dem Geld nicht nachlaufen, sondern ihm entgegengehen ...) Wir Normalsterblichen kommen nicht darum herum, kurz-, mittel- und langfristig zu planen und zu kalkulieren, denn der Mangel an Geld kann das Lebensgefühl erheblich beeinträchtigen. Die ältere Generation kann das oft viel besser verstehen als wir, die wir nach der Währungsreform keine schlimmen Einbrüche mehr erlebt haben. Bei etwa 10, in den neuen Bundesländern oft 20 und mehr Prozent Arbeitslosigkeit gibt es leider längst wieder viele, die auf jede Mark schauen müssen.

»Der Weg zur finanziellen Freiheit«

Der Bestsellerautor Bodo Schäfer hat in seinem Buch *Der Weg zur finanziellen Freiheit* einen wesentlichen Beweggrund für seine Seminare und seine Veröffentlichung beschrieben: Sein Vater, Rechtsanwalt, hatte sich einen Teil seiner Tätigkeit als »Praxis für Arme« eingerichtet. Das Hauptthema: Geldsorgen, Geldsorgen, Geldsorgen. Deshalb regte sich in dem Jungen der Wunsch, selbst niemals in diese Lage zu kommen, die Menschen so unglücklich werden lässt.

Bodo Schäfer fordert, wie unangenehm, viele konkrete, das heißt schriftliche Stellungnahmen. Dabei geht es keineswegs nur um Zahlen, Gehälter etc. Viel wichtiger sind die inneren Überzeugungen. Was haben wir von unseren Vorbildern über Geld gelernt? »Dürfen« wir etwa mehr Geld verdienen als unsere Eltern? Ja, aber nicht zu viel! So wie im Beruf oft Menschen nicht weiterkommen, weil sie unbewusst an den von der Familie vorgegebenen Grenzen – »Schuster, bleib bei deinem Leisten!« – festhalten, um nicht gegen die moralische Familienetikette zu verstoßen, können viele auch finanziell nicht in neuen ungewohnten Dimensionen denken.

Es hat mich viel Kraft gekostet, als Leiter einer Klinik über zigtausende von DM, ja über Millionen nachzudenken und zu verhandeln. »How much do you want?«, hatten mich die Amerikaner von Sierra Tucson gefragt, die für sich natürlich eine Höchstgrenze festgelegt hatten. Hätte ich weniger verlangt, hätten sie mir freudig die Hand geschüttelt und zugestimmt. Aber ich war schon durch meine frühere Tätigkeit bei einem freien Träger gewarnt, wo verschiedene Klinikleiter trotz gleicher Arbeit und Qualifikation sehr unterschiedlich verdient hatten. – Es ist eben ein weiter Weg von einem Beamtengehalt, das man nicht einmal kennt (heute weiß ich es: zuletzt A 16), bis zum Denken in Jahresgehältern, Rücksichten auf den Aktienwert, Belegungsziffern usw.

»Nehmen Sie Ihr liebstes Hobby, und bauen Sie Ihre Karriere darauf auf«

Da geht Bodo Schäfer wohl doch etwas zu weit. »Viele Menschen gehen nicht der Tätigkeit nach, die ihnen Spaß macht, weil sie nicht wissen, wie sie damit Geld verdienen können.« Aber: »Doch noch nie hat jemand richtig Geld verdient, indem er etwas getan hat, was ihm nicht gefällt.« (S. 26)

Erstaunlich am menschlichen Leben ist die Tatsache, dass wir die zwei wichtigsten Entscheidungen unserer Existenz wirklich über jenem von Freud beschriebenen Meer des Unbewussten treibend treffen: Partnerschaft und Beruf. In Kursen für Ärzte zur Psychotherapie mache ich regelmäßig eine Runde, wo jeder Teilnehmer sagen soll: »Ich bin Arzt geworden, weil ...« Die Ergebnisse sind verblüffend, manchmal komisch, manchmal tragisch, aber auch banal. Die wirkliche »Berufung« ist die Ausnahme. Trotzdem bietet nicht nur der Arztberuf, sondern bieten fast alle anderen Berufe die Möglichkeit, die Tätigkeit in eine Richtung zu lenken, die der Idee des »Hobbys« nahe kommt. Auch hier sollte man nicht die Probleme, sondern die Lösungen sehen.

Die Frage lautet stets: Optimieren oder minimieren wir? Sehen wir die Arbeitswoche nur als unliebsame Periode zwischen zwei womöglich auch langweiligen Wochenenden? Oder setzen wir unsere Talente ein, erweitern wir unsere Kenntnisse (zum Beispiel durch gezieltes, nicht wahlloses Lesen), suchen aktiv nach der Wunschtätigkeit an unserem Wunschort?

Die Erfolgstrainer berichten fast immer, dass sie früher auch übergewichtige »Couchpotatoes« waren, also fette Chips und Erdnüsse knabbernde inaktive Menschen, die ziemlich frustriert waren, bis sie endlich begriffen hatten: So kann und darf es nicht weitergehen! Bin ich dazu geboren, bin ich wirklich zu dem ganz besonderen Individuum geworden, das Gott (oder wie wir diese Instanz auch nennen wollen) in uns angelegt hat?

»Aber Geld ist doch nicht alles!«, höre ich Sie schon sagen. Völlig richtig! Ähnlich wie bei der Gesundheit gilt: Sie ist ebenfalls nicht *alles* – aber ohne sie ist alles bekanntlich *nichts*! Wer ständig in Geldsorgen lebt, kann nicht glücklich sein. Schon in der Schule sollten wir deshalb etwas über den Umgang mit Geld lernen – ich kann mich hier an nichts erinnern. Auch Humanismus, so würde ich heute meinem Gymnasium gerne mitteilen, kommt nicht ohne »Kohle« aus!

Gelderwerb als Selbstzweck ist grauenhaft. Das sieht man beim alten Dagobert Duck, der allenfalls seine, wie die Analytiker sagen würden, anale Freuden in Geldbädern erfährt. Ein erfülltes Leben führt er nicht. Aber in Geld steckt die potenzielle Kraft, für sich und andere Gutes zu tun. Es ist Voraussetzung für innere Unabhängigkeit. »Erst kommt das Fressen, dann die Moral«, hat ein gar nicht so proletarischer Dichter einmal gesagt. Über dieses Stadium sind in unserer Gesellschaft die meisten hinaus, anders als in der Dritten Welt. Also geht es darum, das Glück, zu dem auch Geld gehört, beim Schopf zu packen. Sonst erwischen wir den Halbgott Kairos, den günstigsten Augenblick, nur mehr an seinem kahlen Hinterhaupt, so dass er uns entwischt.

Planung ist alles – Jenseits des Tellerrandes

Dazu müssen wir erst einmal die innere Angst überwinden und unsere Konzepte weiter stecken. Der Alltag verändert seine beengende Qualität völlig, wenn wir über den Tellerrand des Alltags auf ein entferntes Ziel schauen können. »Nicht, weil es schwer ist, wagen wir es nicht, sondern weil wir es nicht wagen, ist es schwer«, sagte Seneca.

Mangelnde Planung, also unreflektiertes Handeln ist bei der Mehrzahl der Menschen die Regel. Irgendwie wird es schon gehen ... Dabei sind Denkpausen keineswegs nur etwas für Intellektuelle, sondern die wertvollsten Momente überhaupt. Träumen Sie, malen Sie ein innerliches Bild Ihres Glücks! Werfen Sie dann Ihre Traumbilder nicht dem Krokodil Alltag in den Rachen!

Als Erstes: Aufschreiben! Das ist ein gemeinsames Merkmal in den Biografien erfolgreicher und kreativer Menschen. Sie haben ihre Augen und Ohren immer offen – und sie halten Bemerkenswertes fest, wenn es sein muss, auf einer Papierserviette. So kann man sogar die Verspätung eines Fluges oder Zuges zu einem kreativen Moment nutzen.

Ein Stück zurückzutreten und über Erfolge und Misserfolge nachzudenken sollte eine regelmäßige Übung sein. Warum hat das so prima geklappt? Menschen neigen dazu, sich Pleiten, Pech und Pannen viel länger zu merken – deshalb wohl auch der Erfolg entsprechender Fernsehshows. Schadenfreude ist die beste Freude? Auch die Nachrichten bereiten zu etwa 80 Prozent, oft mehr, Negatives auf: Only bad news are good news. (Wenn es Ihnen besser gehen soll, schauen Sie nicht so oft fern, schon gar keine Nachrichten! An dem Brand in Afrika oder dem Anschlag in Israel können Sie nichts mehr ändern – und Ihr Gemüt wird unnötig belastet.)

Das Erfolgsjournal

Bodo Schäfer hat einen ausgezeichneten Vorschlag, die eigenen Erfolge auszubauen und die Energie in die richtigen Kanäle zu lenken: Schreiben Sie ein Erfolgsjournal, jeden Tag! Notieren Sie sich, was und wie Sie etwas erreicht haben. Wenn etwas nicht geklappt hat, kann auch die Erkenntnis über den Grund und eine neue Lösung der Erfolg sein. Wer ständig über Misserfolge nachdenkt, kann nicht erfolgreich sein. Wenn ein Tennisspieler einem verpatzten Ball nachtrauert, hat er die nächsten Chancen auch schon verpasst. Natürlich kann er beim Seitenwechsel überlegen, wie er anders reagieren könnte. Und sich darauf besinnen, dass selbst in diesem schnellen Spiel eine Denkpause möglich ist, in der man tatsächlich einen Plan fassen kann, wie der Ball am besten zu spielen ist ...

Das Erfolgsjournal und die Lektüre von Erfolgsbüchern aller Art sind eine Kraftquelle, die man sich nicht versagen sollte. Ich habe selbst Hunderte von Problembüchern gelesen, Krankheiten studiert, Problemfilme gesehen, mit Menschen in deren Problemen herumgestochert ... Energie wird dabei selten frei. Aber wie heißt es so schön in einer Werbung:

> »Die beste Energiequelle ist der Gedankenblitz!«

Gerade in diesem Moment könnten Sie sich entschließen, zum Beispiel jeden Tag einige Minuten des Nachdenkens einzuschalten, das ausschließlich dem Positiven gewidmet ist, das heißt Lösungen und Erfolgen. Dann kommen weitere wie von selbst.

Es geht mir hier, um Missverständnisse zu vermeiden, nicht um platte Formen des so genannten positiven Denkens, das in Millionenauflagen und teuren Seminaren in die Menschen hineinfiltriert wird. Das kann zu einer Oberflächlichkeit führen, die gerade verhindert, dass man sich wichtigen Fragen stellt. Wiederholt habe ich vor allem Co-Abhängige behandelt, die meinten, mit simplen Formeln an den Tiefen des menschlichen Lebens und damit wichtigen Entscheidungen vorbeizukommen.

Denkstile, Erfolg und Misserfolg

Sieger und Verlierer folgen bestimmten Mustern, die in einer Zeitungsnotiz nach einem Vortrag von Ursula Mahler vom GWI-Institut München 1997 so zusammengefasst wurden:

Der Sieger hat einen Plan. Der Verlierer hat eine Ausrede ...

Der Sieger findet für jedes Problem eine Lösung.
Der Verlierer findet in jeder Lösung das Problem.

Der Sieger vergleicht seine Leistungen mit seinen Zielen.
Der Verlierer vergleicht seine Leistungen mit denen anderer Leute.

Der Sieger sagt: »Es mag schwierig sein, aber es ist möglich!«
Der Verlierer sagt: »Es ist möglich, aber es ist zu schwierig.«

Der Sieger ist immer Teil einer Lösung.
Der Verlierer ist immer Teil eines Problems.

> **»Lerne das Glück ergreifen, denn das Glück ist immer da.«**
> Johann Wolfgang von Goethe

Dank

Wer schreibt, begreift schnell, warum die meisten kreativen Menschen mehr oder weniger unsozial sind, primär oder sekundär. Als Erstes möchte ich deshalb meiner Frau Angelika und meinen Kindern Matthias und Marlene danken, die mich auch in angespannten Zeiten (mit Praxis plus Seminaren plus Schreiben) emotional unterstützt und mit ihrer eigenen Kreativität angespornt haben. Es war von »Arbeitssucht« die Rede ... Was also für die Familie(n) gedacht ist, kann sich familienfeindlich auswirken.

Meinem Kollegen Dr. Jan Tomaschoff danke ich herzlich für seine Karikaturen auf den Seiten 25, 69, 116, 128 und 159. Mein Dank gilt vor allem meinem Lektor Gerhard Plachta vom Kösel-Verlag, der immer wieder hartnäckig mit mir gerungen hat. Irrenärzte sind eben besonders schwere Fälle ...

Die Liste der KollegInnen, die mich mit Anmerkungen, Kritik und Lob in meinem Prozess wohlwollend begleitet haben, ist lang: Frau Ulrike Stern-Sträter, Leiterin der Beratungsstelle der Stadt München, hat meine Texte ebenso gelesen und kommentiert wie Frau Ela Garczynski, Dr. Lothar Schlüter-Dupont, Frau Ingrid Arenz-Greiving, Dr. Bernhard Mäulen, Dr. Ulrike Beckrath-Wilking, Frau Dr. Edda Gottschaldt, Frau Bärbel Löhnert (Leiterin der Klientenzentrierten Problemberatung in Dachau [KPB]), Dr. Mario Scheib, Dr. Franz Krizanits, Dr. Andreas Mösbauer, Dr. Reinhard Ohnesorge, Dr. Astrid Eurich-Köster, Dr.

Birgit Evers, Dr. Gudrun Pass und – last, but not least – meine Weiterbildungsassistentinnen Frau Kirsten Goth und Dr. Gabriele Astor.

Besonders habe ich einigen PatientInnen zu danken, die mir treffende und originelle Formulierungen zu ihren Problemen geliefert haben, und denen, die bereit waren, mir Zeichnungen für die Veröffentlichung zu überlassen.

Meine Sekretärin, Frau Rosemarie Spermann, hat mir u.a. über die Untiefen der Computersoftware hinweggeholfen und das Literaturverzeichnis angelegt. Mein alter Freund und Tennispartner, der Diplomphysiker Johannes Cammerer, hat mit seiner Frau Graciela wichtige Kommentare aus der Sicht des Nicht-Fachmannes beigesteuert.

Frau Vera F. Birkenbihl danke ich für die Ermutigung, im Stile von *Die Liebe und der Suff...* weiterzuschreiben.

Gedacht sei hier dreier verstorbener Kollegen bzw. Freunde, die Außerordentliches für die Süchtigen und die Angehörigen geleistet haben: Dr. Rolf Wille, langjähriger Leiter der Sucht- und Drogenberatung der Stadt München, von dem ich persönlich viel gelernt habe, Professor Dr. Matthias Gottschaldt, Begründer der Oberberg-Kliniken, und Eduard Löhnert, Gründer und Leiter der Klientenzentrierten Problemberatung.

Stockdorf bei Starnberg, Playa de Muro (Mallorca),
im Sommer 2000

Anhang

Fragebögen

Fragebogen über süchtiges Arbeiten

Sind Sie arbeitssüchtig? – Mit diesem Fragebogen können Sie Ihre Anfälligkeit für Arbeitssucht testen. Beantworten Sie jede Frage mit »Ja« oder »Nein«.

	Ja	Nein
1. Arbeiten Sie heimlich? (Zum Beispiel in der Freizeit, im Urlaub?)	O	O
2. Denken Sie häufig an Ihre Arbeit? (Etwa, wenn Sie nicht schlafen können?)	O	O
3. Arbeiten Sie hastig?	O	O
4. Haben Sie wegen Ihrer Arbeit Schuldgefühle?	O	O
5. Vermeiden Sie in Gesprächen Anspielungen auf Ihre Überarbeitung?	O	O
6. Haben Sie mit Beginn der Arbeit ein unwiderstehliches Verlangen, weiterzuarbeiten?	O	O
7. Gebrauchen Sie Ausreden, weshalb Sie arbeiten?	O	O
8. Zeigen Sie ein besonders unduldsames, aggressives Benehmen gegen die Umwelt?	O	O
9. Versuchen Sie periodenweise, nicht zu arbeiten?	O	O
10. Neigen Sie zu innerer Zerknirschung und dauernden Schuldgefühlen wegen des Arbeitens?	O	O

11. Haben Sie versucht, sich an ein Arbeitssystem zu halten, etwa nur zu bestimmten Zeiten zu arbeiten? O O
12. Haben Sie häufiger den Arbeitsplatz oder das Arbeitsgebiet gewechselt? O O
13. Richten Sie Ihren gesamten Lebensstil auf die Arbeit ein? O O
14. Zeigen Sie auffallendes Selbstmitleid? O O
15. Haben Sie bemerkt, dass Sie sich außer für Ihre Arbeit für nichts mehr interessieren? O O
16. Haben sich Änderungen im Familienleben ergeben? O O
17. Neigen Sie dazu, sich einen Vorrat an Arbeit zu sichern? O O
18. Vernachlässigen Sie Ihre Ernährung? O O
19. Arbeiten Sie regelmäßig am Abend? O O
20. Haben Sie mitunter Tag und Nacht hintereinander gearbeitet? O O
21. Beobachten Sie einen moralischen Abbau an sich selbst? O O
22. Führen Sie Arbeiten aus, die eigentlich unter Ihrem Niveau sind? O O
23. Wurden Ihre Arbeitsleistungen geringer? O O
24. Wurde Ihnen das Arbeiten zum Zwang? O O
25. Wurden Sie wegen Folgekrankheiten der Arbeitssucht in ein Krankenhaus aufgenommen? O O

Wer fünf dieser Fragen mit »Ja« beantwortet, ist zumindest suchtgefährdet. Wer mehr als zehn Fragen mit »Ja« beantwortet, ist mit ziemlicher Sicherheit arbeitssüchtig. Dem Suchtkranken kann geholfen werden. Voraussetzung ist, dass er sich seiner Arbeitssucht bewusst ist und sie als behandelbare Krankheit anerkennt.

(Nach: Jörg Fengler: *Süchtige und Tüchtige. Begegnung und Arbeit mit Abhängigen*, München: Pfeiffer 1994, S. 370 f.)

Fragebogen zur Medikamentenabhängigkeit

Woran erkennt man, dass man medikamentenabhängig ist? – Abhängig oder gefährdet ist:

	Ja	Nein
1. Wer ein Medikament mit Suchtwirkung benötigt, um sich *wohl zu fühlen*.	O	O
2. Wer bei seelischen, körperlichen oder sozialen *Belastungen* nach »seinem« Medikament verlangt.	O	O
3. Wer nach Einnahme einer kleinen Dosis »seines« Medikamentes ein unbezähmbares *Verlangen* spürt, mehr einzunehmen.	O	O
4. Wer häufiger *mehr einnimmt*, als ihm verordnet wird.	O	O
5. Wer *aggressiv* wird, wenn er »sein« Medikament nicht bekommt.	O	O
6. Wer Schmerzmittel einnimmt oder spritzt, obwohl er *keine Schmerzen* hat.	O	O
7. Wer *nebeneinander mehrere* Schlaf-, Beruhigungs- oder Schmerzmittel einnimmt.	O	O
8. Wer Schlaf-, Schmerz- oder Beruhigungsmittel *zur Anregung* benutzt oder bei wem die früher beruhigende Wirkung plötzlich in eine anregende *umschlägt*.	O	O
9. Wer *Appetitzügler nicht als Schlankmacher* einnimmt, sondern um leistungsfähiger zu sein oder um weniger schlafen zu müssen, sich wohler zu fühlen oder um »high« zu sein.	O	O
10. Wer *jede Missbefindlichkeit* und *leichte Funktionsstörung* mit Medikamenten bekämpft (zum Beispiel Abführmittel).	O	O

11. Wer *sich selbst und andere* in Bezug auf seinen Medikamentenkonsum *belügt* und versucht, das wahre Ausmaß des Konsums zu verheimlichen (Verstecken der Schachtel, Erbetteln von Medikamenten bei Mitpatienten). ○ ○

12. Wem sein Arzt die Weiterverschreibung von Medikamenten mit Suchtwirkung verweigert und wer daraufhin den *Arzt gewechselt* hat. ○ ○

13. Wer ständig daran *denken muss*, wie er den *Nachschub sichert*. ○ ○

14. Wer *Ärzte und Apotheker belügt* und Angehörige benutzt, um »sein« Medikament zu bekommen. ○ ○

15. Wer sich gleichartige Medikamente *von mehreren Ärzten gleichzeitig* verschreiben lässt. ○ ○

16. Wer *Rezepte fälscht*, um Nachschub zu bekommen. ○ ○

17. Wer so viele Beruhigungs-, Schlaf- oder Schmerzmittel nimmt, dass er lallt, schwankt oder stürzt. ○ ○

18. Wer so viele Beruhigungs-, Schlaf- oder Schmerzmittel einnimmt, dass er *Filmrisse oder Blackouts* bekommt, dass er sinnlose Telefongespräche führt und dass er *völlig enthemmt* wird. ○ ○

19. Wer *zittert*, optische Halluzinationen hat, durcheinander ist, epileptische Anfälle bekommt, wenn er plötzlich für einige Tage sein Schlaf-, Schmerz- oder Beruhigungsmittel nicht bekommt. ○ ○

20. Wer nach der Einnahme von Appetitzüglern *Halluzinationen* (Stimmen hören) oder Verfolgungswahn hat. ○ ○

21. Wer früher *alkoholabhängig* war und dafür jetzt regelmäßig Schlaf-, Schmerz- oder Beruhigungsmittel einnimmt. ○ ○

22. Wer durch die Wirkung »seines« Medikamentes für andere Menschen deutlich erkennbare *Charakterveränderungen* zeigt. ○ ○

23. Wer durch die Wirkung »seines« Medikamentes *sich selbst und seine Umgebung schädigt* oder seine Beziehungen zu seinen Mitmenschen stört, dies weiß und trotzdem nicht aufhört. ○ ○

24. Wer bemerkt, dass ihm »sein« Medikament *wichtiger ist als alles andere* auf der Welt. ○ ○

25. Wer die Einnahme von Medikamenten mit Suchtwirkung *nicht aus eigener Kraft aufgeben kann.* ○ ○

Wenn zwei dieser Feststellungen zutreffen, besteht *Verdacht* auf eine Medikamentenabhängigkeit; wenn drei und mehr Feststellungen zutreffen, liegt eine Medikamenten*abhängigkeit* vor.

Woran können *Angehörige* außerdem eine Abhängigkeit von Medikamenten erkennen?

1. Häufig verringern Abhängige ihren Kontakt zu anderen Menschen, sie isolieren sich. Deutlich wird dies, wenn sie sich in ihre Wohnung zurückziehen, nur noch wenige Außenkontakte haben. Nachbarn und Freunde können hierüber Aufschluss geben.

2. Medikamentenabhängige sind oft regrediert, das heißt, sie verhalten sich oft recht »kindlich«; ein häufiges Wiederholen von Sätzen ist auffällig. Ihre Gefühlslage ist jedoch recht schwankend. Ein abweisendes Verhalten kann schnell in »Anklammern« übergehen.

3. Das Bett wird der beliebteste Aufenthaltsort. Oft schläft der Schlafmittel-Abhängige auch tagsüber und »kommt nicht mehr so richtig hoch«. Verdunkelte und überheizte Räume sind gleichfalls auffäl-

lig. Obwohl er viele Stunden am Tag schläft, klagt er trotzdem über Schlaflosigkeit.

4. Medikamentenabhängige fallen nicht durch unsaubere Kleidung und Unordnung auf, sondern sie sind allgemein überordentlich, fast »pingelig«, in ihrem Verhalten eher angepasst und überkorrekt. Dies gilt jedoch nicht für die Endstadien, wenn die psychische und organische Schädigung schon fortgeschritten ist.

5. In diesen letzten Phasen ist der Abhängige dadurch auffällig, dass er besonders apathisch wirkt, sein Gegenüber »leicht ausdruckslos« anschaut. Insgesamt vermittelt er den Eindruck, als ob er abwesend wäre. Ein Gesprächskontakt ist nur mühsam aufrechtzuerhalten. Auch vergisst der Betroffene häufig, was er gesagt hat, und wiederholt in einem fort Gesagtes. Ganz belanglose Probleme rücken häufig in den Vordergrund.

6. Auffällig bei Medikamentenabhängigen ist, dass diese schwieriger für ein therapeutisches Engagement zu gewinnen sind als Alkoholkranke, die (ihrem Wiedergutmachungsdrang folgend) früher zu therapeutischen Bündnissen bereit sind. Medikamentenabhängige betrachten ihre Lebenslage eher mit Apathie, krankhafter Passivität, allgemein mit einem Gefühl der Sinnlosigkeit dem Leben gegenüber. So ziehen sich eben viele Abhängige von dieser Welt zurück – ins Bett – oder aber in den freiwilligen Tod. Oft wird eine Medikamentenabhängigkeit als endogene oder neurotische Depression verkannt.

(Nach: Hans Mohl [Hrsg.]: *Sucht – Erfahrungen – Probleme – Informationen*, München: Goldmann 1984)

Fragebogen zu Essstörungen

Sind Sie esssüchtig?

	Ja	Nein
1. Essen Sie auch dann, wenn Sie gar keinen Hunger haben?	O	O
2. Haben Sie Fressanfälle ohne ersichtlichen Grund?	O	O
3. Haben Sie Schuldgefühle und Gewissensbisse, nachdem Sie sich überessen haben?	O	O
4. Kreist Ihr Denken ständig um das Essen?	O	O
5. Warten Sie regelrecht voll Ungeduld auf die Momente, in denen Sie alleine essen können?	O	O
6. Planen Sie diese heimlichen Fressgelage schon im Voraus?	O	O
7. Essen Sie im Beisein anderer ganz normal und holen Sie »das Versäumte« nach, wenn Sie alleine sind?	O	O
8. Beeinflusst Ihr Gewicht Ihre Lebensweise?	O	O
9. Haben Sie schon einmal versucht, eine Woche lang (oder auch länger) Diät zu leben, und dann doch nicht erreicht, was Sie sich vorgenommen haben?	O	O
10. Ärgern Sie sich, wenn andere Ihnen den Rat geben, ein bisschen Willenskraft einzusetzen, um mit dem Überessen aufzuhören?	O	O
11. Behaupten Sie trotz gegenteiliger Erfahrungen weiterhin hartnäckig, dass Sie »ganz alleine« Diät halten können, wann immer Sie wollen?	O	O
12. Essen Sie, um vor Sorgen oder Schwierigkeiten zu flüchten?	O	O

13. Sind Sie schon einmal ärztlich behandelt worden
    wegen Übergewicht?   O   O

14. Überkommt Sie zu bestimmten Zeiten, tagsüber
    oder nachts, außerhalb der üblichen Essenszeiten
    ein unstillbares Verlangen zu essen?   O   O

15. Macht Ihr Essverhalten Sie oder andere
    unglücklich?   O   O

Wie viele Fragen haben Sie mit »Ja« beantwortet? Wenn es drei oder mehr waren, sind Sie wahrscheinlich esssüchtig oder auf dem besten Wege, es zu werden. In diesem Fall führt wahrscheinlich ein Bissen zu unzähligen weiteren.

(Dieser Auszug aus dem *Programm der Genesung für Esssüchtige* wurde von Frau Dr. Bärbel Wardetzki zur Verfügung gestellt.)

Fragebogen über Co-Abhängigkeit (im Bereich Alkohol)

Sind Sie Co-Alkoholikerin/Co-Alkoholiker?

		Ja	Nein
1.	Haben Sie schon häufiger zu Hause mit ihm/mit ihr getrunken, damit er/sie nicht in der Wirtschaft versackt?	O	O
2.	Fühlen Sie sich stark, wenn der/die Abhängige sich schwach fühlt?	O	O
3.	Werden Sie von der Verwandtschaft/Nachbarschaft gelobt, weil Sie so tapfer sind?	O	O
4.	Fühlen Sie sich zum Lügen und Decken von Unregelmäßigkeiten gezwungen, weil Sie Ihren Partner nicht ausliefern wollen?	O	O
5.	Hängen Ihre Gefühle sehr stark von der Situation des Partners ab?	O	O
6.	Kümmern Sie sich um alles, weil der Partner/die Partnerin es nicht mehr kann?	O	O
7.	Haben Sie Angst, der/die Abhängige könnte aggressiv werden, wenn Sie mit ihm/ihr über Alkohol sprechen?	O	O
8.	Vermeiden Sie es, mit anderen Leuten über das Trinkproblem Ihres Partners zu sprechen?	O	O
9.	Haben Sie Ihrem Partner schon einmal mit Scheidung gedroht, weil er so viel trinkt?	O	O
10.	Ärgern Sie sich, weil Ihr Partner Ihre Ermahnungen nicht ernst nimmt?	O	O
11.	Wünschen Sie sich manchmal den Tod des Partners?	O	O
12.	Haben Sie häufiger das Gefühl, dass Sie gegen den alkoholabhängigen Partner machtlos sind?	O	O

13. Haben Sie häufiger schon Drohungen, die Sie dem/der Betroffenen gegenüber ausgesprochen haben, nicht wahr gemacht oder vergessen? O O

14. Haben Sie das Gefühl, dass der Alkohol eine immer wichtigere Rolle in Ihrer Partnerschaft spielt? O O

15. Übernehmen Sie zunehmend Aufgaben, die eigentlich Ihr(e) Partner(in) noch ausführen könnte? O O

16. Nehmen die Trennungsgedanken zu oder feste Formen an? O O

17. Sind Sie in letzter Zeit häufiger deprimiert und verzweifelt, weil sich am Trinkverhalten des Partners/der Partnerin nichts ändert? O O

18. Sind Sie wegen psychosomatischer Beschwerden in ärztlicher Behandlung? O O

19. Wissen Sie manchmal nicht, woher Sie das Geld für den Haushalt nehmen sollen? O O

20. Wechseln Ihre Gefühle für den Partner/die Partnerin häufiger zwischen tiefem Hass und großer Liebe? O O

21. Haben Sie das Gefühl, dass Ihr(e) Partner(in) noch tiefer abrutscht, wenn Sie ihn/sie verlassen? O O

22. Wissen Sie nicht mehr, wie es weitergehen soll, weil Sie so verzweifelt sind? O O

Jede mit »Ja« beantwortete Frage erhält einen Punkt. Wenn Sie mehr als acht Punkte erreichen, sollten Sie eine Selbsthilfe-, Abstinenzgruppe oder Suchtberatungsstelle aufsuchen! Tun Sie zunächst etwas für sich, damit Sie wirklich helfen können.

(Nach: Jörg Fengler: *Süchtige und Tüchtige*, a.a.O., S. 111 f.)

Literatur

Arenz-Greiving, I.: *Selbsthilfegruppen für Suchtkranke und Angehörige. Ein Handbuch für Leiterinnen und Leiter*, Freiburg: Lambertus, 1988
Balint, E. u. Norell, J.S. (Hrsg.): *Fünf Minuten pro Patient. Eine Studie über die Interaktionen in der ärztlichen Allgemeinpraxis*, Frankfurt/M.: Suhrkamp-TB 446, 1978
Beattie, M.: *Die Sucht, gebraucht zu werden*, München: Heyne 1996
Berg, I.K. u. Miller S.D.: *Kurzzeittherapie bei Alkoholproblemen. Ein lösungsorientierter Ansatz*, Heidelberg: Carl-Auer-Systeme, 3. Aufl. 1998
Birkenbihl, V.F.: *Das Birkenbihl Alpha-Buch. Neue Einsichten gewinnen und im Leben umsetzen*, Landsberg: mvg 2000
Black, C.: *Mir kann das nicht passieren. Kinder von Alkoholikern als Kinder, Jugendliche und Erwachsene*, Bremen: Mona Bögner-Kaufmann 1988
Bradshaw, J.: *Das Kind in uns. Wie finde ich zu mir selbst*, München: Knaur-TB 1994
Bruch, H.: *Der goldene Käfig. Das Rätsel der Magersucht*, Frankfurt/M.: Fischer-TB, 14. Aufl. 1997
Cameron, J.: *Der Weg des Künstlers. Ein spiritueller Pfad zur Aktivierung unserer Kreativität*, München: Knaur-TB 1996
Deutsche Hauptstelle gegen die Suchtgefahren (Hrsg.): *Jahrbuch Sucht '95* und *2000*, Geesthacht: Neuland 1994 u. 1999
Fassel, D.: *Wir arbeiten uns noch zu Tode. Die vielen Gesichter der Arbeitssucht*, München: Knaur-TB 1994
Fengler, J.: *Helfen macht müde. Zur Analyse und Bewältigung von Burnout und beruflicher Deformation*, Stuttgart: Klett-Cotta, 5., überarb. u. erw. Aufl. 1998
Ders.: *Süchtige und Tüchtige. Begegnung und Arbeit mit Abhängigen*, München, Pfeiffer 1994
Forward, S.: *Vergiftete Kindheit. Elterliche Macht und ihre Folgen*, München: Goldmann 1996
Gerlinghoff, Monika: *Magersüchtig. Eine Therapeutin und Betroffene berichten*, München: Piper, 4. Aufl. 1998
Industriegewerkschaft Metall (Hrsg.): *Das Suchtbuch für die Arbeitswelt. Alkohol, Medikamente, Drogen, Nikotin, Eßstörungen, Spiel- und Arbeitssucht*, Frankfurt/M., 2. Aufl. 1992

Kruse, G. u. Gunkel, S. (Hrsg.): *Psychotherapiewoche Langeoog 1997,* Hannover: Hannoversche Ärzte-Verlags-Union 1998

Lasko, W.W.: *Personal Power – Mut zum Handeln. Wie Sie bekommen, was Sie wollen,* München: Goldmann 1998

McCourt, F.: *Die Asche meiner Mutter. Irische Erinnerungen,* München: Goldmann 1998

Mellody, P.: *Verstrickt in die Probleme anderer. Über Entstehung und Auswirkung von Co-Abhängigkeit,* München: Kösel, 4. Aufl. 1998

Molcho, S.: *Alles über Körpersprache. Sich selbst und andere besser verstehen,* München: Mosaik 1999

Mühlbauer, H.: *Kollege Alkohol. Betreuung gefährdeter Mitarbeiter,* München: Kösel, 4., erw. Neuaufl. 1998

Nardone, G. u. Watzlawick P.: *Irrwege, Umwege und Auswege. Zur Therapie versuchter Lösungen,* Bern: Hans Huber 1994

Poser, S. u. W.: *Medikamente: Mißbrauch und Abhängigkeit. Entstehung, Verlauf, Behandlung,* Stuttgart: Thieme 1996

Rennert, M.: *Co-Abhängigkeit. Was Sucht für die Familie bedeutet,* Freiburg: Lambertus, 2. Aufl. 1990

Rost, W.D.: *Psychoanalyse des Alkoholismus. Theorie, Diagnostik, Behandlung,* Stuttgart: Klett-Cotta, 4. Aufl. 1992

Rudolf, G.: *Psychotherapeutische Medizin. Ein einführendes Lehrbuch auf psychodynamischer Grundlage,* Stuttgart: Enke, 3. Aufl. 1996

Schäfer, B.: *Der Weg zur finanziellen Freiheit. In sieben Jahren die erste Million,* Frankfurt/M.: Campus, 15. Aufl. 2000

Schneider, R.: *Die Suchtfibel. Informationen zur Abhängigkeit von Alkohol und Medikamenten für Betroffene, Angehörige und Interessierte,* München: Röttger, 7. Aufl. 1991

Schulz v. Thun, F.: *Miteinander reden 1, 2* und *3,* Reinbek: Rowohlt-TB 1981, 1989 u. 1998

Schwäbisch, L. u. Siems, M.: *Anleitung zum sozialen Lernen für Paare, Gruppen und Erzieher. Kommunikations- und Verhaltenstraining,* Reinbek: Rowohlt-TB 2000

Stierlin, H.: *Adolf Hitler. Familienperspektiven,* Frankfurt/M.: Suhrkamp-TB 2361, 1995

Sulloway, F.J.: *Der Rebell der Familie. Geschwisterrivalität, kreatives Denken und Geschichte,* Berlin: Siedler 1997

Tacitus: *Germania,* Stuttgart: Reclam 1972

Wardetzki, B.: *Weiblicher Narzißmus. Der Hunger nach Anerkennung,* München: Kösel, 11. Aufl. 2000

Weber, G. (Hrsg.): *Praxis des Familien-Stellens. Beiträge zu Systemischen Lösungen nach Bert Hellinger,* Heidelberg: Carl-Auer-Systeme 1998

Wehmhöner, M.: »Betriebliche Suchthilfe«, in: *Die BKK,* Heft 7/1998, S. 348–350

Weiss, Th. u. Haertel-Weiss, G.: *Familientherapie ohne Familie. Kurztherapie mit Einzelpatienten,* München: Piper, 5. Aufl. 1999

Wetterling, T. u. Veltrup, C.: *Diagnostik und Therapie von Alkoholproblemen. Ein Leitfaden,* Berlin: Springer 1997

Wille, R.: *Sucht und Drogen und wie man Kinder davor schützt,* München: C.H. Beck, 2., neubearb. u. erw. Aufl 1997

Woititz, J.G.: *Um die Kindheit betrogen. Hoffnung und Heilung für erwachsene Kinder von Suchtkranken,* München: Kösel, 5., aktual. Aufl. 2000

Young, K.S.: *Caught in the Net – Suchtgefahr Internet,* München: Kösel 1999

Adressen

Al-Anon Familiengruppen, Selbsthilfegruppen für Angehörige von Alkoholikern; E-Mail: al-anon.296@t-online.de; www.al-anon-alateen.org/de/index.htm

Alateen, Selbsthilfegruppe für Kinder und jugendliche Angehörige von Alkoholikern, Emilienstr. 4, 45128 Essen, Tel.: 02 01/77 30 07

Anonyme Alkoholiker (AA), Lotte-Branz-Str. 14, 80939 München, Tel.: 0 89/1 92 95; E-Mail: Kontakt@anonyme-alkoholiker.de; www.Anonyme-Alkoholiker.de

Arbeiterwohlfahrt, Bundesverband e.V. (AWO), Oppelner Str. 130, 53119 Bonn, Tel.: 02 28/66 85-1

Arbeitskreis Co-Abhängigkeit, Dr. Helmut Kolitzus, Sendlinger Str. 45/III, 80331 München, Tel.: 0 89/26 02 33 60; E-Mail: dr.h.kolitzus@t-online.de; www.kolitzus.de

Ärztlicher Arbeitskreis Rauchen und Gesundheit, Prof. Dr. F. Wiebel, Postfach 12 44, 85379 Eching, Tel.: 0 89/3 16 25 25; E-Mail: wiebel@globelink.org

Blaues Kreuz in der Evangelischen Kirche, Bundesverband e.V., An der Marienkirche 19, 24768 Rendsburg, Tel.: 0 43 31/5 90-3 81; E-Mail: bke@blaues-kreuz.org; www.blaues-kreuz.org

Blaues Kreuz in Deutschland e.V., Freiligrathstr. 27, 42289 Wuppertal, Tel.: 02 02/62 00 30; E-Mail: bkd@blaues-kreuz.de; www.blaues-kreuz.de

Bundesarbeitsgemeinschaft der Freundeskreise für Suchtkrankenhilfe in Deutschland e.V., Kurt-Schumacher-Str. 2, 34117 Kassel, Tel.: 05 61/78 04 13

Bundesverband der Elternkreise drogengefährdeter und drogenabhängiger Jugendlicher (BVEK), Köthener Str. 38, 10963 Berlin, Tel.: 0 30/55 67 02-0; E-Mail: bvek@snafu.de

Bundeszentrale für gesundheitliche Aufklärung (BZgA), Ostmerheimer Str. 200, 51109 Köln, Tel.: 02 21/89 92-0;
E-Mail: m.peters@bzga.de; www.bzga.de

Deutsche Hauptstelle gegen die Suchtgefahren e.v. (DHS), Westring 2, 59065 Hamm, Tel.: 0 23 81/90 15-0; E-Mail: info@dhs.de; www.dhs.de

Deutscher Caritasverband e.v., Referat Gefährdetenhilfe/Suchtkrankenhilfe, Karlstr. 40, 79104 Freiburg, Tel.: 07 61/2 00-0;
E-Mail: walterhr@caritas.de; www.caritas.de

Deutscher Guttempler-Orden (I.O.G.T.) e.v., Adenauerallee 45, 20097 Hamburg, Tel.: 0 40/24 58 80; E-Mail: guttempler@t-online.de; www.guttempler.de

Fachverband Glücksspielsucht, Auf der Freiheit 25, 32052 Herford, Tel.: 0 52 21/59 98 50; E-Mail: spielsucht@t-online.de; www.gluecksspielsucht.de

Gesamtverband für Suchtkrankenhilfe im Diakonischen Werk der Evangelischen Kirche in Deutschland e.v. (GVS), Kurt-Schumacher-Str. 2, 34117 Kassel, Tel.: 05 61/10 95 70;
E-Mail: gvs@sucht.org; www.sucht.org

Gesellschaft gegen Alkohol- und Drogengefahren e.V. (GAD), Bundesgeschäftsstelle, Chemnitzer Str. 50, 04289 Leipzig, Tel.: 03 41/8 62 90 36

IFA-Institut für Alkoholerkrankungen an der Universität Witten/Herdecke, Alfred-Herrhausen-Str. 44, 58455 Witten, Tel.: 0 23 02/92 63 99

Institut Ärzte und Gesundheit, Dr. Bernhard Mäulen;
E-Mail: DocMAEULEN@t-online.de; www.aerztegesundheit.de

Institut für Therapieforschung (IFT), Parzivalstr. 25, 80804 München, Tel.: 0 89/36 08 04-0; E-Mail: ift@ift.de; www.ift.de

Klientenzentrierte Problemberatung (KPB), Münchner Str. 33, 85221 Dachau, Tel.: 0 81 31/8 26 25

Kreuzbund e.V., Selbsthilfe- und Helfergemeinschaft für Suchtkranke, Münsterstr. 25, 59065 Hamm, Tel.: 0 23 81/6 72 72-0; E-Mail: kreuzbund.hamm@t-online.de; www.kreuzbund.de

Oberbergkliniken, z.B. Brede 29, 32699 Extertal-Laßbruch, Tel.: 0 57 54/8 70, Info-Tel.: 01 80/5 25 74 05; www.oberbergkliniken.de

Paritätischer Wohlfahrtsverband, Gesamtverband Referat Gefährdetenhilfe, Heinrich-Hoffmann-Str. 3, 60528 Frankfurt am Main, Tel.: 0 69/6 70 62 69; E-Mail: gefährdetenhilfe@paritaet.org; www.paritaet.org

Synanon International e.V., Bernburger Str. 10, 10963 Berlin, Tel.: 0 30/25 00 01-0; E-Mail: stiftung@synanon.de; www.synanon.de

Verband ambulanter Beratungs- und Behandlungsstellen für Suchtkranke/Drogenabhängige e.V., Karlstr. 40, 79104 Freiburg, Tel.: 07 61/20 03 63; E-Mail: buerkles@caritas.de

Personen- und Sachregister

Abhängigkeit 165
Adipositas 126 ff.
Al-Anon-Gruppe 53, 173
Alateen 173
Alkohol 77–84
Alkomat 97, 100
Ambivalenz 47
Amerika 101
Amphetamine 14
Angstattacke 37
Anklagephase 52
Anorektiker 136
Anorexie 129
Arbeit als »Mutter« 108, 111 ff.
Arbeitsplatz 85 f., 93 f.
Arbeitssucht 14, 22, 51, 103–114
Arenz-Greiving, Ingrid 20, 172, 176
Asvall, Jo Eirik 134
Augenübung 187 ff.
Autonomie 165

Balint, Michael 140, 144
Beattie, Melody 69, 167
Benzodiazepin 120, 122
Betriebsarzt 85, 102
Betriebsvereinbarung 101
Bilanz 161
Bluthochdruck 128
Bodymaß-Index 127
Borderline 152, 158, 185
Budgetierung 103
Bulimie 129
Bundesärztekammer 133
Bundeswehr 68

Cameron, Julia 200
Cicero 199
Clinton, Hillary 14

Co-Abhängigkeit 7, 10–25, 33, 45, 53, 89, 160, 171, 186
Cola 138 f.

Deutsche Hauptstelle gegen die Suchtgefahren (DHS) 9
Diabetes 127
Diät 130, 132 f.
Dienstvereinbarung 87, 92
Drogenabhängiger 46–52
Drogentest 102

Edison, Thomas Alva 200
Ehe 35, 42
Eheseminar 36
Eifersucht 40 f.
Eifersuchtswahn 40
Eltern 181
Emanzipation 117
Energiebilanz 192
Erfolg 193, 201
Ernährungsmedizin 135
Ersatzdroge 125 f.
Essstörung 16

F., Christiane 136
Fallada, Hans 149
Fassel, Diane 105
Fengler, Jörg 141
Fettsucht 129
Fischer, Joschka 132
Frankl, Victor 184
Fresssucht 22, 113
Freud, Sigmund 147 f., 150, 154, 184, 203
Führungsaufgabe 95
Fürsorge 64

Gegenaggression 70
Geld 201
Gericht 66
Gerichtsgutachter 67
Gesundheit 145
Gesundheitssystem 64
Gleichgewicht 8
Glück 205
Goethe, Johann Wolfgang von 18, 155, 195
Göpfert, Winfried 120
Gordon, Barbara 124
Größenidee 168
Grübeln 179 f.
Gutachten 88

Haschisch 8, 48
Hegel, Georg Wilhelm Friedrich 155
Helferberuf 103
Hemingway, Ernest 150
Hippokrates 133
Hitler, Adolf 61, 168
Huxley, Aldous 121

Jammern 179
Juhnke, Harald 68

Kampftrinken 68 f.
Kantine 85
Karzinogen 118
Kennedy, John F. 14
Kernberg, Otto 151 f.
Kewert, Gerold 101
KLARHEIT 175
Kohl, Helmut 132
Kokain 14
Kontrolle 23
Kontrollphase 52
Kontrollverlust 23
Krankenversicherung 70

Kreativität 113, 200
Krebs 134
Krebskrankheit 77
Kündigung 93

Laffert, Götz von 119
Langeweile 200
Leistungssport 110
Liebe 12, 113
Loriot 178
Löw, Hans-Peter 101

Machtlosigkeit 24
Magersucht 8, 126 ff., 138
Manie 148
Massenmedien 67 f.
Medikamentenabhängigkeit 22
Mitleid 64
Mordversuch 19
Motivation 33
Muhammad Ali 169
Mühlbauer, Helmut 86
Münchner Alkoholismustest (MALT) 94

Nardone, Giorgio 32, 154 f.
Narzissmus 185
Neffe, Jürgen 40, 78 f.
Nell-Breuning, Oswald von 35
Neugeborene 118
Nikotin 115

Öffentlichkeitsarbeit 176
Onassis, Aristoteles 202
Otten, Heide 144

Paracelsus 106
Perfektion 167
Perfektionismus 22, 41
Perls, Fritz 184
Personalleiter 91

Personalrat 88
Planung 205
Poser, Sigrid und Wolfgang 121
Prävention 130
Preminger, Otto 52
Pro-Kopf-Konsum 77
Psychoanalyse 151, 154 f.
Psychotherapie 146–156, 185

Rauchen 117
Raucher 119, 134
Reagan, Ronald 63
Realitätsverlust 23 f.
Reich, Wilhelm 152, 184, 187
Rost, Wolf D. 147, 150
Rückfall 29, 44, 167
Rudolf, Gerd 149

Sauerbruch, Ernst Ferdinand 104
Säugling 118 f.
Schäfer, Bodo 202 f.
Schamsystem 23
Schauder, Peter 133
Scheidung 181 ff.
Schnarcher 170
Schneider, Wolf 110, 149
Schulz von Thun, Friedemann 178
Selbstbefriedigung 147
Selbstbewusstsein 109, 114
Selbstbild 17
Selbsthilfegruppe 171–175
Selbstmord 19, 26, 56
Selbstmordgedanke 29, 56
Selbstwertgefühl 16, 25
Selbstwertproblematik 169
Seneca 205
Sexsucht 40
Simpson, Homer 199
Sophokles 199
Sozialhilfeempfänger 65
Spaltung 49
Spiritualität 108, 113

Sport 167
Stalin, Jossif W. 169
Stressbewältigung 134
Substitution mit Methadon 125
Sucht 35, 181
Suchtfamilie 10
Suchtmittcl 16 f.
Suchtpotenz 115
»Suchtwoche« 62
Suizidalität 108
Supervision 74

Tabakindustrie 114
Tabaksteuer 119
Talkshow 68
Therapie 184 f.
Todesursache 117
Tranquilizer 123 f.
Trauerprozess 112
Trennung 182
Trotta, Margarethe von 20
TÜV 65 f.

Übergewicht 129, 131
Urtrauma 155

Vater 112
Verantwortung 166
Verantwortungsbewusstsein 22
Versorgung 63
Vorgesetzter 42, 88, 91, 95 f., 100, 109, 111

Wardetzki, Bärbel 14
Watzlawick, Paul 32, 154 f., 198
Wehmhöner, Margot 95
Wilder, Billy 19, 51
Woititz, Janet G. 38

Zigarette 114–120
Zufriedenheit 165

Alkoholismus in der Familie

Helmut Kolitzus
Die Liebe und der Suff ...
Schicksalsgemeinschaft
Suchtfamilie
277 Seiten. Zahlr. Abb. Kart.
ISBN 3-466-30439-3

»Das Buch vermittelt eine ermutigende Botschaft: ›Hilfe ist möglich!‹ Auch wenn es keine Perspektive zu geben scheint, darf jeder, der sich in geeignete Therapie begibt, trotz mancher Rückschläge auf Heilung hoffen.«
Ärztliche Praxis, 24.2.1998

KÖSEL

Kösel online: www.koesel.de; e-mail: service@koesel.de